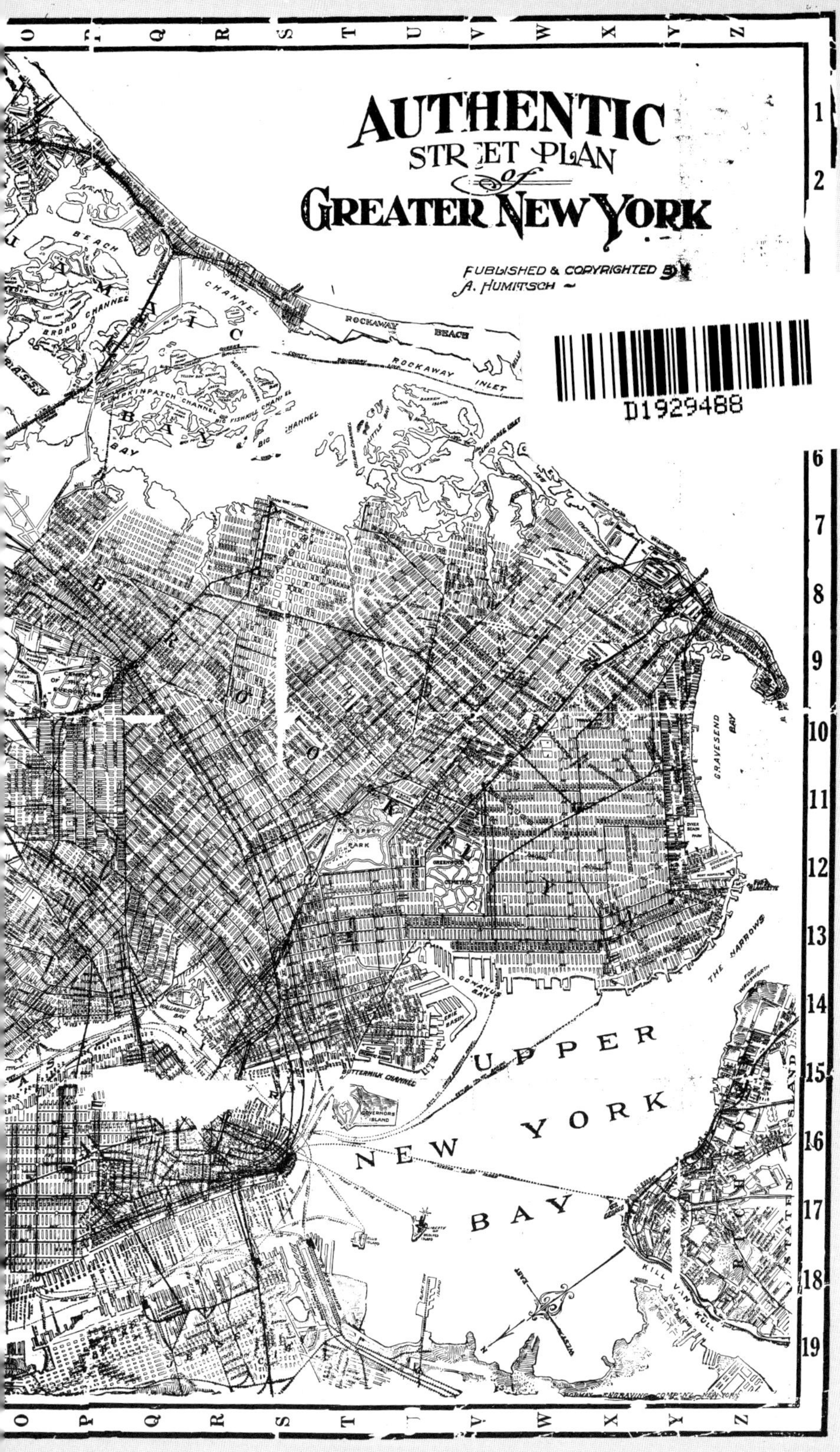
AUTHENTIC
STREET PLAN
of
GREATER NEW YORK
PUBLISHED & COPYRIGHTED BY
A. HUMITSCH
ROCKAWAY BEACH
ROCKAWAY INLET
BROAD CHANNEL
BEACH CHANNEL
PUMPKINPATCH CHANNEL
BIG FISHKILL CHANNEL
BIG CHANNEL
BROOKLYN
PROSPECT PARK
GREENWOOD CEMETERY
GRAVESEND BAY
DYKER BEACH PARK
GOWANUS BAY
ERIE BASIN
WALLABOUT BAY
BUTTERMILK CHANNEL
GOVERNORS ISLAND
ELLIS ISLAND
THE NARROWS
FORT WADSWORTH
UPPER NEW YORK BAY
KILL VAN KULL
STATEN ISLAND
NORWAY ENGRAVING COMP. N.Y. NEW YORK

GOODYEAR

DJUNA BARNES

NEW YORK

GESCHICHTEN UND REPORTAGEN AUS EINER METROPOLE

Aus dem Amerikanischen
von Karin Kersten

Verlag Klaus Wagenbach Berlin

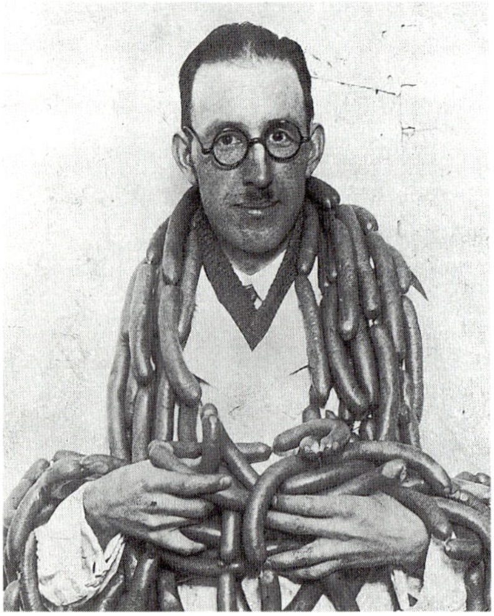

Herausgegeben von Alyce Barry
Titel der bei Sun & Moon Press erschienenen Ausgabe:
»Djuna Barnes' New York«
Alle Zeichnungen von Djuna Barnes

Der Verlag dankt Ursula Bender und Dagmar Leupold für ihre Hilfe bei der Bebilderung der deutschen Ausgabe

Umschlaggestaltung: Rainer Groothuis
Gesamtherstellung: Druckerei Wagner, Nördlingen
Gesetzt aus der Borgis Caledonia Linotype
Lithographien: Reprowerkstatt Rink, Berlin
Printed in Germany.
ISBN 3 8031 3534 6

Inhalt

DANCE MADNESS
DANCE MADNESS

GREENWICH VILLAGE WIE ES IST

Ein Freund erzählte mir einmal von einem Künstler, der Selbstmord begangen hatte, weil seine Farben zu verblassen begannen. Seine Gemälde vergingen wie Blumen. Die Menschen, die sie betrachteten, seufzten und flüsterten: »Dies hier stirbt«, und im Hintergrund setzte jemand hinzu: »Das da ist tot«. Es war das noch unerfüllte Geschick seiner Zukunft. Wäre er weniger überschwenglich gewesen, hätte er ergründet, wie haltbare Farbe zustandekommt und wie nicht, er hätte vielleicht ein paar jener düsteren Bilder hinterlassen, die mit jedem Tag strenger und ›besser erhalten‹ wirken. Die frühsten Akte, die mit untadeligen, dauerhaften Farben ausgeführt wurden, scheinen sich nach und nach mit jenem haltbarsten aller Gewänder zu bekleiden – der Patina der Zeit. Turner gehört zu denen, die vom Tod ihrer Gemälde leben.

Und so stehen die Leute vor Greenwich Village und murmeln in mitleidigem Ton: »Es ist nicht von Dauer, die Farben werden verblassen. Es beruht nicht auf gesundem Urteil. Es ist nicht aus jenem robusten, gesunden Material, aus dem, der Vorsehung sei Dank, *wir* gemacht sind, die aus dem eigentlichen Manhattan.« Ein paar gibt es, die seufzen: »Stellenweise ist es ja schön!«, und andere setzen hinzu: »Das ist reiner Zufall!«

Was für eine reizende Antwort der Natur war es nicht, daß sie die meisten ihrer Irrtümer liebenswert gestaltet hat. Das Christentum scheint ein recht verwerfliches Experiment. Doch was lockert so rasch die Tränen wie zwei zum Kreuz zusammengefügte Stücke Holz?

Weshalb hat der Washington Square eine Bedeutung, einen Duft sozusagen, während Washington Heights keinen hat? Der Platz besitzt Erinnerungen an bedeutende Leben und die Möglichkeiten zu solchen, wohingegen die Heights leer sind und die Fifth Avenue nur eine Durchgangsstraße ist. Hier auf der Nordseite gibt es stattliche Häuser, die von großen Vermögen bewohnt werden, von den Lydigs und Guiness' und all denen, deren Namen rascheln wie seidene Unterröcke, und auf der anderen Seite eine Anhäufung von Häusern und Hütten, die in die Kaninchenbauten übergehen, wo die Italiener in der Sonne ihre Brut mehren und herumwimmeln wie in Neapel, wo Obst und Gemüse auf der Straße verkauft werden wie auf der Chiaja, in Schlafzimmern Eis und auf dem Kellerfußboden Spaghetti gemacht werden.

Hier ist die Höhle, wo sich unlängst die Revolverschützen verschworen, den Freihandelsfleischer niederzuschießen, und hier findet sich auch die Häuserzeile, deren Bewohnerinnen den Women's Night Court[1] mit der Hälfte seiner Sensationen beliefern. Atlas und Automobile auf dieser, Schäbigkeit und Schubkarren auf jener Seite – das ist der Kontrast, der Lebendigkeit schafft, die Phantasie anregt, Liebe und Haß einflößt.

Der größere Teil New Yorks ist so seelenlos wie ein Warenhaus; Greenwich Village hingegen hat Erinnerungen wie Ohren, die angefüllt sind mit verstummter Musik, und Hoffnungen wie blicklose Augen, die bestrebt sind, einen Blick auf die himmlische Vision zu erhaschen.

Auf den Bänken am Platz Männer und Frauen, die sich ausruhen; die Beine weit von sich gestreckt, herabhängende Arme, lustlos; um die Brunnen herum und an den Ecken Kinder, dunkeläugige italienische Kinder, die eben noch mit einem Yankee-Cockney-Akzent kreischen und einen Augenblick später ihren Müttern mit den schweren Brüsten im Toskanisch Dantes etwas ins Ohr flüstern. Hier eine Schar jüdischer Mädchen wie ein Biedermeiersträußchen, dort ein norwegisches Emigrantenpaar, kräftig von Statur und karg an Worten; ein farbiges Mädchen auf dem Trottoir rempelt einen japanischen Dienstboten an und fragt sich, ob der auch farbig ist oder als weiß gilt wie ›denen Dagos‹[2].

An jeder Ecke kann man einen neuen Typ sehen; doch seltsamerweise muß man feststellen, daß man hier nirgendwo Amerikaner entdecken kann. New York ist der Treffpunkt der Völker, die einzige Stadt, wo sich kaum ein typischer Amerikaner finden läßt.

Die Wahrheit über Washington Square und Greenwich Village – Namen, die zu Synonymen geworden sind – ist niemals zu Papier gebracht worden. Wenn man genötigt ist, die Wahrheit über einen Ort zu sagen, dann geht dieser Ort sofort in Abwehrstellung. Örtlichkeiten und Stimmungen sollten in Ruhe gelassen werden. Wieviele Restaurants gibt es nicht, die durch ein oder zwei Zeilen in einer Zeitung verdorben worden sind? Wir befinden uns in derselben Gefahr. Was wir dagegen tun können? Nichts. Das Malheur ist bereits passiert, stellen wir fest, und der Schmetterlingsflügel zerfällt bereits zu Staub.

Ich persönlich habe niemals einen wirklich guten Artikel über den Washington Square zu Gesicht bekommen. Noch der banalste Fleck ist nicht wiederzuerkennen. Die kühnsten Dekorationen in den Läden sind alle falsch koloriert. Und was das lange Haar der Männer und das kurze der Frauen angeht, so findet man diesen Typ eher auf dem Broadway. Zigaretten werden uptown nicht weniger geraucht als hier. Das Weintrinken ist ebenfalls Allgemeingut, die harmlosen Eitelkeiten werden andernorts genauso unverhüllt zur Schau gestellt wie hier. Jenseits der Fourteenth Street wird das

Greenwich Village, Patchin Place

Geschäft der Liebe zwar unter dem Tisch abgewickelt, doch stellt das etwa einen Präzedenzfall dar, der das Geschäft des Händchenhaltens auf dem Tisch untersagt? Ist die Berührung von Glacéleder denn schädlicher als der Druck von Stiefelleder? Natürlich gibt es Aufschneider, Heuchler, Scharlatane unter uns. Doch wo steht denn verzeichnet, daß sämtliche Übeltäter und Heuchler unter denen gefaßt worden seien, die wir unsere Bohème nennen? Und was das Verbrechen angeht, wurden seine Opfer denn ausschließlich in den Betten von Waverly Place und Fourth Street ermordet aufgefunden?

Oh, Schluß mit dieser albernen Litanei über die unmöglichen Menschen, die hier leben. Weil wir uns euch in unseren Papierhaarwickeln zeigen, müßt ihr da um jeden Preis zu eurem väterlichen Paraffinofen zurückkehren und schreien, im ganzen Leben hättet ihr noch keine Ponyfransen getragen? Und müßt ihr denn auf alle Zeiten die Rolle des zeternden Puritaners übernehmen, der noch nie etwas von sexuellen Beziehungen gehört hat? Was für ein Geschichtchen ist denn das, das euch in den Ohren klingt und das eure Mutter eines Abends über Dad erzählt hat, als sie im Abendschein Erinnerungen freien Lauf ließ, die bei Tage nach Recht oder Unrecht klingen, des Abends jedoch nur pfiffige Anekdötchen sind, zaghafte oder süße Abenteuer eines Mannes, der mittlerweile zu alt ist für seine Jugend und zu weise, um auch nur versuchsweise jene Dinge zu wiederholen, die die Jugend überall in der Welt zum schönsten und traurigsten Teil des Lebens werden lassen? So berauben wir uns denn auf alle Zeiten unserer selbst. Wir sollten mit siebzig geboren werden und anmutig in die Jugend hinabtapern.

Ist denn der Bettler von Paris oder Neapel besser dran als der Bettler vom Washington Square? Und wird denn die Ähnlichkeit innerhalb einer Nation ebenso wie innerhalb einer Gruppe uns nicht erst durch unsere Bettler offenkundig? Diese Bettler, die die Fingerschalen der Stadt abgeben, wohinein die Hände der Gier getaucht sind!

Was will man also noch? Wir haben unsere Künstler, doch wir haben auch unsere Verkäufer. Wir haben unsere Dichter, doch wir haben auch unsere Unternehmer. Wir haben unsere Müßiggänger, doch haben wir nicht auch unsere Scheuerfrauen? Wir haben unsere Reichen und unsere Armen.

In Wirklichkeit sind Washington Square und Greenwich Village nicht eins. Sie sind eins geworden oberhalb des Trottoirs, auf der Höhe, wo die Köpfe der Menschen vorübergehen; doch in schlichten Straßenzügen gemessen, läuft das Village nicht an der Sixth Avenue vorbei. Es beginnt irgendwo um die Twelfth Street herum und begeht Selbstmord an der Battery.

MacDougal Street

Washington Square

Es gibt ebensoviele Künstler, die nicht am Square wohnen, wie solche, die dort wohnen. Manche Läden werden erwähnt, wie diese Künstler erwähnt werden, weil sie das gewisse Etwas an sich haben, das wir in Ermangelung eines besseren Wortes Atmosphäre nennen.

Wir sprechen ständig von Daisy Thompson's Laden, von der Treasure Box, vom Village Store und vom Oddity Cellar – ebensoviele hübsche Dinge kann man jedoch auch in einem Lädchen in der Eighth Street zwischen Fifth und Sixth Avenue sehen. Weshalb wird das nicht ebenfalls erwähnt? Weil es im Village, aber nicht vom Village ist.

Da gibt es das angenehme Nachtleben des Café Lafayette. Das Brevoort wird wegen seines Souterrains geliebt, wo man das Lichtgefunkel zwischen dem Gesträuch mitbekommt. Dort gibt es außerdem den Kellner, der einen seit zehn Jahren bedient. Alles, was man ißt, kommt einem irgendwie vertraut vor. Mit geschlossenen Augen kann man sagen, wo man sich aufhält. Der kalte Braten des Lafayette ist dem des Brevoort überlegen; die ›Fizzes‹ aus New Orleans sind in letzterem abscheulich und köstlich in ersterem. Es besteht die Aussicht, daß man jemanden trifft, den man nicht mag, wie die Wahrscheinlichkeit besteht, daß man jemandem begegnet, auf den das Gegenteil zutrifft. Man entscheidet von vornherein, welches höhnische

Lächeln man Billy schenken wird, wie kalt man Bobbie übersehen oder ob man Louise, die monatelang neben einem gewohnt hat, zur Salzsäule erstarren lassen will.

Die Choleraangst hat dem Lokal Zulauf verschafft, doch die Atmosphäre hat sich nicht wesentlich früher eingestellt als ein gewisser Bobbie Edwards. Im Jahre 1906 verwandelte er das, was damals der ›A Club‹ war, in das, was später als der ›Crazy Cat Club‹ oder das ›Concolo Gatti Matti‹ bekannt war – in einem von Paglieri geführten Restaurant in der 64 West Eleventh Street.

Edwards führte die Sitte ein, die Tische zurückzuschieben und einen After-Dinner-Dance zu organisieren. Er verschickte Einladungskarten an seine Freunde, die ihrerseits Einladungen an ihre Bekannten verschickten. Leroy Scott, Howard Brubaker und Mary Heaton Vorse waren unter den ersten Mitgliedern. So begann etwas von dem einzusickern, was die Bohème werden sollte.

Doch was weiß man von einem Ort, wenn man keine intime Kenntnis von seinen Menschen hat? Mir fällt nichts ein, das ich als hinlänglichen Ersatz dafür anbieten könnte, allenfalls die Form der Anekdote – das Skelett des Lebens.

Dies ist die Geschichte einer Tänzerin, die im letzten Sommer eines Tages mit dem Bus hier unten eintraf, um künftig hier zu leben. Was sie in der

Vergangenheit getrieben hatte, fragten wir nicht – was ihre Augen nicht sagten, war nicht wissenswert –, doch sie war ungeheuer offenherzig. Eines Nachts stand dies Mädchen (es war im Polly) vom Tisch auf, weil sie am Telefon verlangt wurde. An ihrer Seite saß ein junger Russe, und als sie hinausging, sagte sie zu ihm: »Hör zu, keine von euren schmutzigen slawischen Tricks – untersteh dich, dich an meinem Kaffee zu vergreifen, während ich weg bin – wehe!«, und von der anderen Seite des Tisches rief jemand dem auf diese Weise angesprochenen Jungen zu: »Na, du Kosake, wie stehst du nun da?« Augenblicklich war die Tänzerin zurückgerannt gekommen, hatte dem Jungen die Arme um den Hals geworfen und gerufen: »Ein Kosake, wie großartig! Ich habe von euren Greueltaten gehört«.

Und nachdem ich mir nun durch diesen meinen letzten Versuch, einige der falschen Vorstellungen zu entkräften, Erleichterung verschafft habe, bringe ich auch die nötige Beherztheit auf, um diesem Ort einen Leib zu geben.

In der Macdougal Street gerade über dem Dutch Oven befindet sich der Liberal Club. Er ist eins unter der erklecklichen Zahl von Dingen, die von uptown zu uns gelangt sind. Margaret Wilson gehörte zu seinen Gründern, doch versteht sich von selbst, daß sein Charakter sich seit dem Ortswechsel verändert hat. Mitglieder dürfen ihre Freunde mitbringen, falls sie das nicht zu häufig tun. Viele Menschen haben sich hier kennengelernt, gestritten, geliebt, sind dahingeschieden. Die Dochte vieler Geistesleuchten sind hier geputzt worden und haben eine Weile heller gebrannt, bis auch sie neueren Leuchten Platz gemacht haben. Hier hat Dreiser debattiert und Bordman Robinson Skizzen gezeichnet und Henrietta Rodman das Geräusch ihrer Sandale hinterlassen. Harry Kemp hat für seine Büste posiert, um dann, als er sich umwandte, feststellen zu müssen, daß gar keiner daran arbeitete. Jack Reed und Horace Traubel sind hier gesehen worden; Kreymborg, Ida Rohe, Max Eastman, Bob Minor und Maurice Becker – und hundert andere.

Whitman-Dinner werden jeden 31. Mai in einem Privatraum des Brevoort abgehalten. Zwei Spielzeiten zurück begann hier das Herz der Washington Square Players zu schlagen, wenn das Theater selbst auch uptown zu finden war. Ein wenig später eröffnete Charles Edison, der es sich wirklich leisten kann, um seiner selbst willen gekannt zu werden, und der seinen Vater nur als Dekoration mit sich herumträgt, mit dem großen Guido Bruno[3] das Thimble Theatre. Wenn sie auch abgesehen von ›Fräulein Julie‹ keine Erfolge hatten, so war dieser eine doch bedeutend genug, um das Wagnis zu rechtfertigen.

Bruno fing an, in eigener Verantwortung eine Zeitschrift mit dem Titel ›Greenwich Village‹ zu machen. Allan Norton folgte ihm bald mit der harmlosen kleinen ›Rogue‹, die auf einige Zeit einging, deren Wiedererschei-

Washington Mews, nördlich von Washington Square, 1927

nen jedoch für Oktober oder November geplant ist. Kreymborg brachte ›Others‹ – eine Zeitschrift in (Blank-)Versen – ein rechtes Stimmungsbarometer; eine Art poetisches Knäckebrot – das ›vers libres‹ genannt wird; und obwohl es in der Bronx gedruckt wurde, roch es doch nach der Atelieratmosphäre auf der Südseite des Square.

Clara Tice machte Furore mit Gedrucktem und Bobbie Locher ebenfalls. Der Baron de Meyer begann, über einem Glas Yvette in den Cafés gesehen zu werden, umgeben von einer Menge Gesichter, die Anschriften außerhalb des Village gehabt haben mögen, aber doch Bohèmiens waren. Schließlich kommt es nicht darauf an, wo man sich den Hals wäscht, sondern wo man sich die Kehle benetzt. Und immer noch sind Dinge im Kommen, weiten sich welche aus. Die Luft selbst scheint sich zu verbessern. Es geht das Gerücht, daß ›King‹ McGrath oder auch Jack, unterstützt von einigen Gesellschaftsgrößen, demnächst am Sheridan Square eine Kneipe eröffnen werde, und Jack setzt für alle, die es hören wollen, hinzu: »*Mit* Schankerlaubnis«.

George Newton wiederum plant, an demselben Platz ein Toy Theatre zu eröffnen. Newton macht bereits eine neue Zeitung, die für zwei Cents verkauft werden wird. Die erste Nummer soll im August erscheinen. Ja, so ist das – die Sonne läßt sich schließlich nicht dadurch ausknipsen, daß man auf ihren Schatten spuckt.

Lyric Theatre,
100 Third Avenue

THEATRE
TO-DAY
BIG BOY WILLIAMS
2 FEATURES
TODAY
TODAY
2 FEATURES

Fifth Avenue/Tenth Street

Und unsere Ateliers? Unsere Wohnhäuser? Das Judson auf der Südseite des Platzes, das Holly Hotel, das Earle Hotel, das Washington; das gelobte Gebäude, wo jetzt die Sodaquelle des Village und Guido Brunos Dachkammer stehen. Die Washington Mews sind bereits teilweise abgerissen worden, um erneut zu erstehen. Und in der jüngsten Geschichte des Louis' am Sixty Washington Square South – was ist daraus geworden? Man bewahrt sein Andenken, wie nur das einer toten Frau oder das eines einstigen Gasthauses bewahrt werden kann; das eine, weil es das Herz nicht losläßt, das eine, weil es sich im Kopf eingegraben hat. Louis' hatte nicht nur Louis, sondern auch noch Christine, eine Frau, die, entstammte sie nicht diesem Jahrhundert, eine gewaltige, gewichtige Göttin gewesen wäre, deren schiere Gegenwart Gerechtigkeit ohne Worte bedeutet hätte. Louis' wurde dichtgemacht, weil es ohne Schankerlaubnis auskam. Vielleicht war das einer seiner Reize! Alkoholische Getränke waren dort nicht einfach nur alkoholische Getränke, sie waren *freier* Wein.

Und dann ist da der Candlestick Tea Room und das Gonfarone, und da sind die Red Lamp, Mori's und Romano's, der Red Star und Mazzini's.

Und so seid doch nicht so streng mit uns, ihr aus der Außenwelt, und vor allem untersteht euch, uns zu bemitleiden – uns rechtschaffene Menschen. Wir haben alle normalen Annehmlichkeiten, wie sie auch die übrige Welt besitzt, und wir haben noch etwas viel Wertvolleres: Männer und Frauen, in deren Augen ein neues Licht glimmt oder auf deren Stirn der Abglanz einer unsichtbaren Herrlichkeit liegt.

PEARSON'S MAGAZINE, OKTOBER 1916

DER SAUM VON MANHATTAN

Im Juli 1917, kurz nachdem die Vereinigten Staaten in den Krieg in Europa eingetreten waren, schrieb Djuna Barnes für die Leser des Morning Telegraph *diesen Bericht über eine Vierzig-Meilen-Schiffsfahrt rund um Manhattan Island. Sie führte den East River hinauf – der gar kein Fluß ist, sondern eine Meerenge, die Manhattan von Long Island trennt –, durch den schmalen Kanal mit dem Namen Hell Gate zum Spuyten Duyvil Creek, wo an der Nordgrenze Manhattans der Harlem River auf den Hudson trifft. Dann ging es südwärts an den steilen Klippen, den Palisades, entlang, vorbei am Battery Park an der Südspitze der Insel und unter der großartigen Brooklyn-Bridge hindurch; vorbei an den gewaltigen Wolkenkratzern von New York, dem keilförmigen Flatiron Building und dem Woolworth Tower, mit sechzig Stockwerken nach seiner Fertigstellung im Jahre 1913 der höchste überhaupt, in prächtigem gotischen Stil erbaut und auch heute noch eins der bemerkenswertesten Gebäude der Stadt.*

Wenn man eine Yachtfahrt um Manhattan Island unternimmt, befindet man sich in der peinlichen Lage eines Menschen, der erst zum Fremden im eigenen Haus werden muß, um es mit der notwendigen Farbigkeit beschreiben zu können.

Wieviel einfacher hat einer es doch, der, beispielsweise, nach Rußland geschickt worden ist, um in Worten deren dortige Nachmittagsmahlzeit und ihre Wohnungen zu malen. Oder der nach Frankreich gefahren ist, um durch die Überreste dessen zu schlendern, was einst die anschaulichen Partien von Kusine Millys Briefen nach Hause ausmachte; um eine Zeitlang die Boulevards entlangzulaufen oder begehrliche Blicke auf Hüte unweit des Cafés zu werfen, von dem Jules mir neulich abend erzählt hat. Oder der anderen dabei zugeschaut hat, wie sie französische Zigaretten geraucht haben, oder der Napoléons Grab besichtigt hat oder dort entlanggelaufen ist, wo Sarah Bernhardt immer entlangging, oder das Café zu finden versucht hat, wo Verlaine und Baudelaire ihre Gedichte schrieben, oder sonst irgendeins der zehn Millionen Dinge, die einer zu sehen erwartet, wenn er eine Reise in ein fremdes Land unternimmt.

Dort würde einem auffallen, wie die Knöpfe gemacht sind, weil es ein fremder, neuer Mensch wäre, der sie in einem fremden, alten Land an seinen Kleidern hätte. Hier fehlen einem die Knöpfe nie, bis sie abfallen.

Hier schaut man die Dinge an, weil man Augen hat. Dort hat einer Augen, damit er sich Betrachtungen hingeben kann. Das ist die unausweichliche Tragödie der Vertrautheit mit dem eigenen Zuhause. Hier durchleben wir das tägliche Programm, weil wir müssen; doch erst wenn man reist – und sei es auch nur nach Kansas, einmal vorausgesetzt, Kansas sei ein fremdes Land –, macht man die Entdeckung, daß man, um würdigen und verstehen zu können, auf keinem allzu freundschaftlichen Fuß mit Architektur und Menschen stehen darf.

Der bildende Teil des Lebens ist, daß man ›Guten Tag!‹ sagt. Das ›Auf Wiedersehen‹ ist nur der traurige kleine Punkt hinter einem nicht länger benötigten Absatz.

Wer war das noch, der gesagt hat: »Mein Freund, du kannst nicht schauen in dein Haus, denn von dort gelangtest du hinaus«? Und so bin ich mit tausend Millionen anderer verdammt, es sei denn, ich befände mich dereinst an einem einsamen Ort, wo ich mit Erfolg nach den Echos riefe, mit denen ich mich umgeben habe und die niemals zurückrufen, seit ich geboren bin. An einem Ort, der mir so fremd sein wird wie ich ihm.

Das ist ein erfreulicher Gedanke, doch erspart er mir nicht meine letzte Aufgabe: die Rückschau auf meine Wiederbegegnung mit Manhattan Island.

Ellis Island

Ankunft von Einwanderern auf Ellis Island

Ich glaube, diese Rundfahrt wird als Vergnügungsfahrt angeboten. Vielleicht bin ich ja melancholisch, wie ich mir oft habe sagen lassen, doch was kann man auch anderes sein, wenn man, um das Schiff zu erreichen, als erstes die Death Avenue überqueren muß? Und was soll man denn anderes empfinden als Verzweiflung, wenn dreieinhalb Stunden lang Elend, Armut, Tod, Alter und Wahnsinn vorüberziehen?

Die beiden Küstenlinien sind durch einen Streifen Wasser von klagloser Glätte getrennt, wie zwei Sträflinge, die drei gleichmütige Kettenglieder zwischen sich haben: zwei schreckliche Positive, die durch ein Negativ getrennt sind.

Doch wie der Geschichtenerzähler sagen würde: Fangen wir beim Anfang an.

Ich glaube, es war etwa 14 Uhr 30, als ich losfuhr. Das Schiff war in seiner Art das kleinste, das ich je betreten habe, und als ich an Bord stieg, war das Oberdeck bereits voll von steifrückigen Schullehrern aus dem Mittleren Westen, die überwiegend bärtige Herren waren und zu Krawattennadeln verarbeitete Nuggets trugen.

Gemeinsam saßen sie in geschlossenen Reihen, wie in einem Klassenzimmer, und hin und wieder wandten sie die Köpfe gerade um soviel, daß sie zielstrebig aufs Wasser blicken konnten, denn sie waren da, um zu sehen, und sie würden sehen.

Die Sonne schien heiß, und ich hörte Tauwerk und Planken knarren. Ich will noch erwähnen, daß ich auf dieser Fahrt nicht mehr als ein einziges Kind gesehen habe. Und das war schließlich auch ganz richtig so. Kinder fährt man nach Bear Island oder hudsonaufwärts zu einem Zeltplatz, zu irgendeinem Platz, der wenigstens wie ein fester Punkt aussieht.

Die Yacht lief aus und begann, einen weiten Bogen um den Battery Park zu schlagen, und schon trat der Mann mit dem Megaphon vor und begann zu leiern: »Das Gebäude links von Ihnen ist bekannt als Woolworth Tower, das größte Gebäude der Welt. Es ist soundsoviel Fuß hoch ...« – er nannte die genaue Anzahl Fuß und Zoll, als sei es im Wachstum, und dann wandte er sich in die andere Richtung und setzte beiläufig hinzu: »Rechts von Ihnen ein Truppenschiff, das, wie Sie sehen, mit unseren Jungs in Khaki gefüllt ist.«

Dann hörten wir Stimmen, gleich hunderte, die über das dazwischen liegende Wasser zu uns hinüberdrangen. Ein seltsamer Schrei, ein glücklicher Schrei, ein Jubelschrei, der von Verhängnis und Tod kündete. Alle standen auf, schrien, schwenkten Arme und Taschentücher. Ein paar Worte trug es zu uns hinüber, als wir längsseits gingen und vorbeiglitten. »Wir schnappen uns den Kaiser«, und das oft wiederholte »Schließt euch an!« Einer, der ein Stückchen weiter vorn stand, warf einen übermütigen Handkuß; andere steckten ihre zerzausten Köpfe aus den Luken. Ich mußte an

Riverside Drive mit Hudson River, Upper West Side, 1920

Coney Island denken und an die Stimme, die gewöhnlich zu solchen emporgereckten Köpfen gehört: »Drei Schuß ein Nickel!«

Ich blickte mich um: Alle saßen auf dieselbe passive Weise, steif und konventionell und unbewegt.

Wenn man die Skyline betrachtete, während das Schiff den Battery Park umrundete, stieg New York aus dem Wasser wie eine mächtige Woge, die nicht wußte, wie sie wieder zurücksinken sollte, und deshalb grauenerfüllt verharrte, wie sie war, und aus der Million Fenster hinausspähte, hinter die sie die Menschen gesperrt hatten.

Schiffe waren wie Schoßhunde an die Docks gebunden, und ein kleiner Schleppdampfer, der wie ein Spitz aussah, knurrte uns von der Seite an und reckte seine Nase aus dem grünen, unbeteiligten Wasser, als versuche er zu beißen.

Die Brooklyn-Bridge, die Manhattan-, die Williamsburg- und die Queensborobridge kamen in Sicht und reichten bis in weite Ferne. Der Megaphonmann kam wieder und erklärte, Steve Brodie sei der erste gewesen, der von

Brooklyn- und Manhattan-Bridge, im Hintergrund Lower Manhattan und Ellis Island ▶

Brooklyn-Bridge
Blick auf Manhattan, 1925

dieser Brücke gesprungen und am Leben geblieben sei. Danach habe er ein Café aufgemacht und sei ein ziemliches Original.

Und dann dachte ich an eine andere Fahrt, die ich einmal gemacht hatte – einen billigen Ausflug auf einem größeren und schmutzigeren Schiff. Irgendwie hatte mir der besser gefallen; das Ganze hatte so etwas Lebendiges, Sorgloses, Menschliches gehabt. Da hatten Babies in orientalischen Posen an Deck gelegen und nach der Flasche geschrien; junge Leute in Windjacken und offenen Hemden hatten mit einander gekichert und Lieder gesungen; es hatte ein gewaltiges Durcheinander geherrscht – Tanz, Musik, Spaß. Die Lunchpakete hatten aus gleich aussehenden Schachteln mit einem Sandwich, einem Ei, einem Stück Kuchen bestanden, und dann die Sodakannen, die Ingwerbierflaschen – das Aufklatschen, wenn ab und zu eine auf die Wasseroberfläche traf, die einer von den jungen Leuten, der seinen Durst gelöscht hatte, vom Oberdeck hinabgeschleudert hatte. Ich kehrte aus meinen Erinnerungen zurück und schaute mir die Passagiere auf diesem Schiff an, die mit gefalteten Händen auf Baumwoll- und Barchentmänteln saßen und zuweilen vor sich hinmurmelten, hoffentlich seien die erzieherisch wertvollen Bestandteile New Yorks mit dem bloßen Auge erkennbar. Das waren sie durchaus, doch sie – sahen sie nicht.

Der einzige Abfall, der sich nicht wieder aufbereiten läßt, scheint der menschliche Geist zu sein. Hier an den Ufern schaukelten Barken, in denen der Müll der Stadt aufgehäuft war, im öligen, dunklen Wasser ächzten die gewaltigen Abfallberge einer Stadt in der Sonne, wie ein dösender Vielfraß nach einer Orgie. Man hatte das Gefühl, wenn man scharf genug hinhörte, würde man seinen schweratmenden Schlund hören können; die Berge schienen sich zu bewegen, sich langsam zu heben und zu senken, ein mächtiger Bauch auf einer Couch. Ach, unsere modernen ›Seerosenmädchen von Astolat‹ sind die namenlosen Toten aus dem Leichenschauhaus, die auf den Armenfriedhöfen hinter den Krankenhäusern aufgereiht liegen, und diese gewaltige, nimmerendende tägliche Geburt der toten Nahrung der Stadt. Mir war vorher noch nie in den Sinn gekommen, daß es schrecklichere Orte gibt als Friedhöfe. Das sind die Müllkippen, und wie aasfressende Vögel, die über einem Schlachtfeld kreisen, so machen sich Menschen über diesen Schmutz und diese Verwesung her und suchen nach Anmachholz, Papier für die Papiermühlen und Lumpen für die Papierfabriken und weiß der Himmel wonach noch, und irgendjemand verdient an dieser schrecklichen Auferstehung eine Million.

Vom Saum des Wassers kamen wir gekrochen und begannen den langsamen Anstieg ins Menschenleben, und zum Saum des Wassers werden wir am Ende zurückgeführt, zum großen, nassen Grab, das alle Tränen trocknet, das den Rohstoff liefert und das vollendete Werkzeug wieder an sich nimmt und weder Freude noch Schmerz kennt; denn dies »ist das Ende aller menschlichen Lieder«.

Und wie schon gesagt: »Der Mensch ist das einzige, das sich nicht weiterverwenden läßt, wenn etwas nicht mehr in Ordnung ist«. Jeder kann sich selbst ein Bild davon machen. Genau gegenüber diesem Saum von Müll, diesen schwerbeladenen Barken, gibt es ein Heim für Geisteskranke. Keine Hand tastet in diesen armen, verwirrten Hirnen nach irgendeinem Gedanken, der noch verwendbar wäre. Da gibt es keinen, der der Stadt etwas für das Privileg bezahlte, aus diesem traurigen Abfall das eine oder andere verloren gegangene Schöne zu bergen; keiner empfängt Lohn dafür, daß er die Finger krumm macht, um einen kleinen Kienspan aus diesem zerrütteten Haus zu retten, und da läßt sich auch aus dem Niedergang des Gartens nichts Einträgliches mehr herausholen.

Und unmittelbar daneben Old Men's Home. Graue, hakenkrumme Gestalten bewegen sich über die prächtigen Rasenflächen und rasten zwischen den mächtigen Bäumen, die ihre grüne Pracht über den Boden ergießen. Alte Männer wie flüchtige Pollen in einer Brise, deren Flug der Welt nichts einbringt.

Und nun werden Sie sagen: »Genug damit! Hier geht es doch um eine Vergnügungsfahrt – so beschreiben Sie uns doch, was Sie Schönes erlebt haben!« Wie kann ich das, wenn es doch nichts Schönes oder Erfreuliches zu sehen gab außer dem allzeit erfreulichen Himmel, dem Grün von Gras und Bäumen und gelegentlich einer hübschen Turmspitze?

Weiter ging die Fahrt, und der Megaphonmann unterteilte sie durch zwei Witze. Bei dem einen lief es darauf hinaus, daß im Flatiron Building die Hunde auf und ab statt seitwärts wedelten, und bei dem anderen, daß kein Tauber je verurteilt worden sei – dieser kam, als wir an einem Gefängnis vorbeifuhren –, und zwar aus dem einfachen Grunde, daß er »Gehör finden« müsse.

Und während ich diese Insel mit ihren alten Männern und ihren Gefängnissen, Krankenhäusern und dem Heim für unheilbar Kranke anschaute, dachte ich an den Tag zurück, den ich, genau auf der anderen Seite von Hell Gate, auf einem Streifen Land mit einem Jungen verbracht hatte, der zu dem Schluß gelangt war, die Gesellschaft sei schwer zu begreifen. Es war ein einsamer, flacher Streifen Marschland, dicht bewachsen mit wildem, hohem Gras, das im Wasser wurzelte. Von dem zerfallenen Haus liefen Planken zum Ufer, wo ein Boot verankert war. Diese Insel mit ihrem Strandgut und ihrem Schlick und dem Salzgeruch bei Ebbe ließ mich damals an solche menschlichen Wesen denken. Zuweilen leidet die Natur an einer Unpäßlichkeit – diese Insel war eine davon. Über das Wasser drangen, es war später Nachmittag, die Schreie der Wahnsinnigen – ein wildes, trauriges Schreien, das nach und nach von den anderen aufgenommen wurde, so als spielten sie ein Spiel über den Wahnsinn –, und ein Schauer durchlief mich, und ich hätte ebenfalls gern geschrien, und ich fragte ihn, wie er das ertragen könne. Er lächelte. »Manchmal«, sagte er, »denke ich, wir sind eigentlich die Verrückten. Man hat doch auch Lieder, mit denen man in die Schlacht zieht – weshalb sollen sie nicht ihre Lieder haben, um in den Tod zu ziehen?« Danach sagte er, sie kämen oft herübergeschwommen und spielten völlig friedlich miteinander.

Doch ja, das ist vorüber – die Insel liegt nun unter Sonne und Regen, und der Junge ist nicht mehr da –, was aus ihm geworden ist, weiß niemand, vielleicht ein Landstreicher, ein Insasse eines der Häuser gegenüber. Doch eins weiß ich: wo immer er auch hingegangen sein mag, er hat ein wenig von der Freiheit eines ungezähmten Lebens mitgenommen, der kein gewöhnlicher Wahnsinn etwas anhaben kann.

Jetzt fuhren wir unter der letzten Brücke der Harlemer Serie hindurch, an der ein Soldat mit geschultertem Gewehr stand – und hinaus in den Halbmond von Spuyten Duyvil Creek. Kleine nackte Kinder liefen am holzbefestigten Ufer hin und her und ließen sich seufzend auf die Blätter fallen wie die Eicheln. Andere schauten aus kleinen, badenassen, blinzelnden Augen zu uns her und winkten, um dann rasch ins Wasser zu springen, damit

East River
Blick von Brooklyn auf Lower Manhattan

wir ihnen für ihre fabelhafte Gelenkigkeit gebührende Bewunderung zollen konnten.

Die Wende im Spuyten Duyvil Creek erlebten wir auf die angenehme Weise, daß wir diese Kinder beobachteten, bis wir sie nicht mehr sehen konnten. Und das war mein erster zufriedener Augenblick auf der ganzen Fahrt. Von den Hängen blickten etliche schmucke Häuser durch die Bäume herab, und im Licht des nahenden Abends standen die Palisades so schwerelos wie ein Rauchwölkchen.

Die Luft roch eine Spur nach Regen. Ein kleines Motorboot schoß an uns vorbei, und ein Junge mit braunen Armen steuerte und rief uns ein Hallo zu. Ein Kanu mit drei Paddlern und einem Mädchen ganz vorn tauchte aus dem Flußarm hinter uns auf. In ebenmäßigem Rhythmus tauchten die Paddel ein und ließen zarte silberne Wasserperlen fallen.

Ein Junge trat mit dem Ruf »Eiskaltes Sodawasser!« aus der heißen Kajüte. Ein Schokoladenverkäufer trat auf meinen Hut – ich lächelte.

Der Steuermann mit dem braunen, faltigen Gesicht drehte langsam das Steuerrad und blickte in die Ferne. Der Megaphonmann forderte uns auf, uns ein weißes Haus an der Uferstraße ganz genau anzusehen. »Wahrscheinlich mit Zigaretten gebaut«, sagte er. Wir beugten uns alle vor. Dann lenkte er unsere Aufmerksamkeit auf das College. Sämtliche Schulmeister aus dem Westen standen auf.

»Ich wüßte gern«, sagte der eine, »ob die sich hier mit höherer Mathematik auseinandersetzen.« Ein anderer antwortete lakonisch: »Spinoza«. Sie setzten sich wieder hin.

Irgendwo, überall dort drüben in der Welt, die wir umrundet hatten und gegen die sich nur eine Stimme abhob – die des Megaphonmanns –, hielten Schauspielerinnen ihren Schönheitsschlaf oder erlernten in ihrer Schule mit Eifer einen neuen Tanz. Irgendwo tötete ein Mann eine Mücke, und wieder woanders baute einer eine Bombe. Jemand küßte, und jemand tötete, jemand wurde geboren, und jemand starb. Manche aßen und tranken und lachten, und andere hungerten. Einige dachten, und andere taten es nicht. Kellner bewegten sich durch die großen Hotels und schleppten ihre Dienstbarkeit mit sich wie Züge. Wichtigtuerische Herren mit dicken Ringen erörterten zwischen Spucknäpfen politische Fragen, und hübsche Frauen lasen Romane mit gelben Rücken und hoben die Hand, um sie von Galanen küssen zu lassen. Und dort spazierten auch einige umher, die schauten uns an, wie wir sie unsererseits anschauten.

Die hohen Gebäude warfen ihre Schatten nieder auf kleine Gebäude, große Männer auf kleine, Freude auf Kummer.

Neben mir gähnte jemand und kaufte Postkarten, fünfunddreißig Ansichten für einen Vierteldollar, und ich besaß tausend für gar nichts!

Und noch war von der Stadt her nur ein schwacher Laut zu hören, wie von reißendem Gewebe – die eine Hälfte der Masse zog in die eine und die andere Hälfte in die andere Richtung. Eins der vielen selbstgenügsamen Schleppschiffe tutete uns von den Docks her zu, und die Fabriksirenen heulten zurück, wie Herren, die sie nach Hause riefen. Eine Leuchtreklame stand gegen den Himmel und warb für eine Kaugummimarke, und daneben der Turm einer Kirche. Riesige Lagerhäuser und Getreidesilos trugen grelle Reklameschilder; man hatte den Eindruck, ganz Manhattan stünde zum Verkauf.

Links von uns ein dunkler Saum von Schiffen – holländischen, deutschen, italienischen.

Und irgendwo in all diesem Gewirr der menschlichen Leben und dem Gewirr der Häuser, landeinwärts, dort, wo man weder Meer noch Nebel sehen konnte, lag meine eigene private kleine Wohnung, die Zuhause hieß.

Und »es geht doch nichts über ein Zuhause«, vor allem, weil wir dort am besten vergessen können.

NEW YORK MORNING TELEGRAPH SUNDAY MAGAZINE,
29. JULI 1917

DURCH NEW YORK MIT DEN SOLDATEN

Um zehn nach zehn drängte der Fahrer des Touristenbusses den letzten Fahrgast hinein, eine kleine Frau aus Utah mit grün-schwarz gestreiften Strümpfen, und wir schossen davon in die Mysterien New Yorks.

Der französische Offizier mit der knappsitzenden Uniform wandte seinen kleinen, nickenden schwarzen Kopf hierhin und dorthin und sang durch seinen Schnurrbart ein Lied, das er vor langer Zeit in irgendeinem Café seines Herzens gehört hatte. Als wir auf unserem Weg die Fifth Avenue hinauf in den Broadway einbogen, sang er noch lauter, während der Mann mit dem Megaphon, der auf dem Handzettel als »gebildeter Vortragsredner« angespriesen wurde, zu schreien begann: »An der linken Ecke, in der Mitte des Blocks, sehen Sie die Stelle, wo Hoimen Rosenthal[4] ermordet wurde – genau da, Madam ...«, wobei er mit dem Daumen über die Schulter wies.

Zwei kanadische Jungen, die einander die Arme um die Schulter gelegt hatten, beugten sich über den Sitz vor dem Franzosen und flüsterten dem ›Vortragsredner‹ zu: »Ist das hier die Fifth Avenue?« Der Angesprochene wandte ihnen den Kopf zu und antwortete bestätigend, obwohl er Watte in den Ohren hatte.

Der Geruch von heißem Teer drang in die Nüstern und der schwächere Geruch von Benzin, als die kleine Dame mit den grünen Strümpfen, die aus Utah stammte, ein kleines Spitzentaschentuch ausschüttelte, und, während sie sich nach der Stelle umwandte, wo Rosenthal ermordet worden war, den Duft heimischer Fliederbüsche über uns verteilte.

Frauen in weißen Blusen und nachschleppenden Röcken blieben als verwischter Fleck der Einbildungskraft auf dem geistigen Auge zurück, wie ein Whistler ihn gesehen hätte. Herausgeputzte Läden und schwere goldene Schilder blinkten und zogen sich in der Erinnerung wie Drähte, die sich von einem Haus zum anderen spannen. Durch die offenstehende Tür von Sherry's erhaschte man einen Blick auf kleine, schmucke Frauen in weißen Schürzen, die mit langen silbernen Zangen in die braunen, friedfertigen Seiten von runden italienischen Cremetörtchen zwickten, während der Mann am Megaphon die Informationen in seine Nase hineinsang, die eigentlich flammende Begeisterung auslösen sollten.

Die vier Soldaten auf den hinteren Sitzen lächelten und schauten hierhin und dorthin, während der Daumen des Mannes ganz vorn erst über seine

Fifth Avenue, am Central Park

Fifth Avenue mit Waldorf Astoria Hotel, 1903

rechte, dann über seine linke Schulter schnellte: »Das Haus von Willie K.«, hieß es, und dann: »Unmittelbar zu Ihrer Rechten die größte Kirche von New York, die vier Blocks einnimmt und 3600 Gottesdienstbesucher aufnehmen kann.«

Die große Tür stand halb offen. Eine Frau mit rotem Rock und einer Feder stand in ihrem Schatten. Weit weg sprengte ein Buntglasfenster Tröpfchen heiliger Farben auf die erdfarbenen Rücken der Andächtigen. Einen Augenblick lang, ehe wir vorbei waren, reckten sich die weißen Hände einer Statue aus der Dunkelheit, gefaltet und erhoben.

»Shoiman auf dem Weg zum Meer« – das Getrampel von Hufen, die den Platz überquerten, das schwache satte Geräusch von Gummireifen, das Gewimmer einer Fahrradklingel und der tiefe, satte, überhebliche Ton einer Hupe an einem langen, schwarzen Wagen, der sich den Weg durch den Verkehr bahnte, wendig, eilig, unheimlich, wie ein Tier, das nicht atmet.

Man konnte den kleinen Franzosen durch seinen Schnurrbart »Très jolie figure d'amour« singen hören.

»Und ihr?« – ich saß vorgebeugt, um mit den Jungen aus Kanada zu sprechen.

»Wir sind nur vierundzwanzig Stunden hier. Aber ich muß mal ein Wort über Toronto sagen, meine Dame. Das ist 'ne Stadt! Sie können über New York erzählen, was Sie wollen, aber ich weiß 'ne viel schönere, nettere Geschichte.«

»Ja«, sage ich lächelnd.

»Es geht um euren eigenen Walt Whitman. Ich weiß, Sie sind ziemlich stolz auf ihn, aber Sie können auch nicht stolzer sein als der Mann dort, der ein Schreibwarengeschäft hatte. Na, der hatte so Bleistifte ...«

»Wir befinden uns jetzt auf der Millionaire's Row«, leierte der Megaphonmann.

Fifth Avenue, 1930

Broadway, zwischen 59th und 60th Street, 1918

»Und der erzählte nun immer den Kunden etwas von einem speziellen, sechseckigen Bleistift ...«

»Dies ist das Haus mit den massiven Onyxstufen ...«

»Und«, fuhr der Junge aus Kanada fort, »diesen Bleistift zeigte er dann jedem, der ein bißchen länger bei seinen Büchern, bei seinem Papier stehen blieb. Dann sagte er: ›Hier habe ich einen Bleistift, den hat Whitman am 22. August des Jahres achtzehnhundertneunundneunzig in der Hand gehalten, als er hier durchkam und ihm ein Gedicht einfiel.‹« Die Jungen lachten ein bißchen und stießen einander in die Rippen, ehe sie mit ihrer Pointe herausrückten.

»Ja, und?«

»Na, der konnte diesen Bleistift von den anderen sechseckigen roten Bleistiften doch gar nicht unterscheiden, die wir immer an seinen Platz gelegt haben, wenn er nicht geguckt hat.«

»Oh, das ist aber häßlich – überlegt doch mal, was ihr damit angerichtet habt, daß ihr eure Stadt um einen historischen Bleistift gebracht habt!«

»Central Park –«

Die Soldaten hinter den Kanadiern starrten das Grün der Bäume und das Grün der frischgeschnittenen Rasenflächen an und beobachteten die Kleinkinder, die auf den Spazierwegen hinfielen und sich wieder aufrappelten.

»Was halten Sie denn von New York?«

Der kleine französische Offizier in der knappsitzenden Uniform hörte auf zu singen und schaute mich an. »New York«, er lachte und entblößte große, kräftige Zähne. »Es ist sehr amüsant – chic ... Es hat so große Füße und so kleine Hände ... und die Schaufensterauslagen sind sehr ulkig. Gestern, am heißen Nachmittag, bin ich die Fifth Avenue entlanggegangen, und da sah ich eine Auslage, eine äußerst amüsante Auslage, eine verwirrende Auslage.« Er schlug sich auf die Knie und beugte sich vor. »Ich wußte gar nicht, daß ihr in

Amerika solche Frauen und Männer habt. Ich dachte, wir hätten nur in Europa solche Menschen. Es war ein Fenster im Parterre, auf der Eleventh Street. Im Vorgarten steht ein Bäumchen. Die Vorhänge sind gelb. Mit Tee gefärbt, ja? Und durch das Fenster konnte man ein Stückchen, ein sehr kleines Stückchen, ins Zimmer hineinsehen. Da standen antike Stühle, altes Schnitzwerk, eine Staffelei mit einer dreckigen Leinwand drauf. Das ist jedoch nicht das Komischste: Ein Mann, ein langer, dünner Mann mit einem gewaltigen Schnurrbart, blond, lag auf der Seite in einer solchen Antiquität und schlief. Seine Lippen waren farblos, seine Lider waren farblos, so als verdeckten sie weiße, farblose Augen. Sein Herz klopfte ein bißchen, es pulsierte unter seinem weißen Kinn, und an einer langen Kette hingen zwei Siegel. Die Kette war auch amüsant: Sie floh von Tasche zu Tasche, sie hatte Angst und versteckte ihren Kopf. Es entsetzte sie, daß sie sich auf einem so ruhigen Bauch befand, sie spannte sich vor Qual. Und in einem Sessel neben diesem schlafenden jungen Mann saß eine alte Dame, kerzengerade, mit teefarbener Spitze am Hals, die Hände im Schoß gefaltet, Staub im Haar, mit klugen, schlaflosen Augen. Also ...«, er hob die Hände, blies über seinen Schnurrbart und schloß: »Solche Sachen sieht man nur in Europa. Balzac hätte jetzt gewußt, was man damit anfängt. Hier in Amerika sind sie vergeudet, sie bleiben unbemerkt, sie gehen verloren. Das ist sehr traurig.«

Ich nickte nachdenklich.

»Was im Kopf jener Frau vorging, wußte niemand. Was den Mann mit dem blonden Schnurrbart beim Aufwachen erwartete, das wußte auch niemand. Doch ich werde es Ihnen erzählen, ich, ein Franzose, weil ich es weiß, und wenn ich nach Amerika komme, kann ich Ihnen etwas über solche Amerikaner erzählen.«

»Ich höre ...«

»Also – die alte Frau war seine Mutter, wahrscheinlich, und wahrscheinlich eine Witwe. Sie sitzt die meiste Zeit des Tages mit einer Tasse kaltem Kaffee auf einem fleckigen Tablett im Bett – ist das nicht sehr wahrscheinlich? Und ab und zu ruft sie laut nach irgendeinem alternden Dienstmädchen, das sich versteckt: ›Jenny, Jenny bring mir meinen Spiegel, zieh die Standuhr auf. Ist das Bild von Vater bei dem starken Wind runtergefallen?‹ So redet sie und sitzt dabei in ihrer teefarbenen Spitze im Bett, nie ein Hauch frische Luft. Gegen vier Uhr nachmittags ruft sie dann wieder: ›Jenny, bring mir meine Pantoffeln und meine Strümpfe und mein schwarzes Kleid, und mach die Wohnzimmertür auf, mein Sohn kommt bald.‹ Und bald kommt ihr Sohn, der große Mann mit dem blonden Schnurrbart. Und was ist

Park Avenue,
›die reichste Straße der Welt‹, 1928

TIMES
MOTOR

mit dem? Er möchte einfach nur seinen Spazierstock ausführen, und er kann seinen Spazierstock nicht einfach ausführen, ohne einen gewissen Stil zu haben, und er kann diesen Stil nicht haben ohne ausreichend Geld in der Tasche. Folglich muß sie wieder etwas zusammenkratzen. Er schläft am Fenster, bis sie Jenny ausgeschickt hat und bis Jenny mit dem Geld zurückgekehrt sein wird, den lappigen, verblichenen, abgegriffenen Scheinen irgendeines obskuren Pfandleihers – solchen Scheinen, die niemals knistern, die einander niemals etwas von ihrem Einfluß zuflüstern, hundert Dollar auf hundert Dollar ohne ein Wort, wie Menschen, die an ihr Wohlergehen gewöhnt sind. Sie sagen nichts, und bald wird er aufwachen und weggehen, nachdem er die alte Frau in der teefarbenen Spitze geküßt hat, und er wird mit seinem wie beiläufig getragenen Spazierstock einherschlendern, und er wird den Frisiersalon betreten, und sie werden ihm seinen Spazierstock für einen Augenblick abnehmen, um ihm seinen Schnurrbart schön zu machen – also ...« Er brach mit einem Seufzer ab.

»Trifft es das nicht?«

Ich nickte.

»Das Haus von Hetty Green – das konnte sie ja nicht mitnehmen ...«

»Und Sie?«

Die vier Amerikaner von außerhalb hörten die Frage nicht. Sie blickten auf das Haus der berühmten toten Hetty.

»Ist sie vom Papst ausgezeichnet worden?« fragte einer von ihnen.

»Ja«, donnerte der Mann mit dem Megaphon, der vergessen hatte, es abzusetzen.

»Wem gehört denn das Haus jetzt?«

»Einem berühmten Grafen.«

»Lebt ihr Sohn noch?«

»Soweit ich gehört habe, ja.«

»Der war ziemlich zugeknöpft, wie?«

»Ich weiß nicht, ich nehme es an. Die meisten reichen Leute können es sich leisten, den Mund zu halten.«

»Ich verstehe.«

»Nein, das tun Sie nicht«, grinste der Mann mit dem Megaphon, »keiner von uns versteht das.«

»Temple Beth-el, die reichste jüdische Gemeinde im religiösen Leben Amerikas«, fuhr er fort und bewegte den Daumen, nicht aber die Augen. »Das Pickard Folly House, der Showpalast der Fifth Avenue, dreimal jährlich fürs Publikum geöffnet, das Haus von Ex-Senator W. Clark, dem Kupfer-

Times Square,
Bekanntgabe der Ergebnisse eines Baseball-Spiels, 1927

König. Sämtliches Kupfer, das in diesem Haus verwendet wurde, hatten sie aus seiner eigenen Mine herausgeholt ... Das Haus von Andrew Carnegie ... Mount Sinai Hospital, wo sich die Göttliche Sarah das Bein hat amputieren lassen ... Mount Morris Park, Seventh Avenue ... Der höchste Punkt des Hochbahnnetzes, Toter-Mann-Kurve genannt. Und jetzt biegen wir bereits in den Morningside Drive ein.« Der vollbesetzte Bus bog ab, so daß die Soldaten gegeneinander flogen. Schwankend kam er zu einem dramatischen Halt. Der kleine Führer trat aufs Trittbrett, wandte sich um und blickte auf die Cathedral of Saint John the Divine.

»Diese Kathedrale«, sagte er, ohne das Megaphon an die Lippen zu setzen, »ist bereits seit 25 Jahren im Bau, und bei dem Tempo, mit dem gegenwärtig gebaut werden kann, wird sie sich noch weitere 25 Jahre im Bau befinden. Sie hat sieben Kapellen für sieben Sprachen, und Bischof Greer spricht hier. Es gibt etliche Gedenktafeln, und die Männer, die als Kinder daran gearbeitet haben, sind darüber zu reifen Männern herangewachsen – sie haben sie altern sehen.« Er nahm sich für einen Augenblick die Watte aus den Ohren, und während er sie wieder hineintat, forderte er den Fahrer zum Weiterfahren auf.

»Was war denn los damit?« fragte einer der Jungen in der amerikanischen Uniform.

»Weiß nicht – ich nehme an, das Dach.«

»Warum denn das Dach?«

»Tja, weil das Dach mir ganz unmöglich vorkommt«, scherzte der Führer und wandte sich ab.

»Er ist durch ein Schlammloch gefahren«, flüsterte die kleine Frau aus Utah in freundlichem Ton.

»Hier kommt das Panorama von New York!« rief der Führer. Wir wandten uns alle um.

»Columbia University.« Ein junges Mädchen in weißen Tennisschuhen kam die endlosen flachen Stufen hinabgerannt, die zur Straße führten.

»Das rote Häuschen auf dem Hügel war früher ein Irrenhaus. Das hier ist das Barnard-Frauen-College – man beachte die Warntafel.«

»Gift«, stand darauf, »betreten verboten.« Wir lachten zwar, aber ich weiß bis heute nicht, warum.

Wir bogen in den Riverside Drive ein. Langsam wieder stadtabwärts fahrend, beobachteten wir das Wasser und die gewaltigen getarnten Schiffe. Wir legten eine Pause ein – der Bus blieb stehen. »Grant's Tomb[5]«, sagte er, »wir bleiben hier acht Minuten stehen, so daß Sie reingehen und das Grabmal besichtigen können. Es ist für den Publikumsverkehr geöffnet.«

Während wir ausstiegen und die Stufen hinaufzusteigen begannen, dachte ich an den Tag meiner Kindheit zurück, als mein Vater mich hierhergebracht

Riverside Drive mit Grant's Tomb, 1925

34th Street und Broadway, Kaufhaus Macy's

New York Herald Building
Broadway/35th Street

hatte. Er hatte mich hineingeführt und mich hochgehoben und in die Dunkelheit hinabstarren lassen, wo zwei Leichname auf dem Paradebett lagen. Und ich fragte mich, ob mich wohl gleich dieselbe Ehrfurcht, dasselbe unbezwingbare Gefühl unermeßlicher Größe überkommen würde, die der Tod verleiht, wenn ich nach fünfzehn Jahren zum erstenmal wieder über den Rand dieser Gruft in die Dunkelheit hinabschauen würde.

Die Art, wie die Soldaten einer nach dem anderen hereinkamen und die Mützen abnahmen, hatte etwas Kühles, Beiläufiges, Unbeteiligtes, und die grünen Strümpfe der kleinen Frau aus Utah leuchteten trübsinnig in dem purpurroten Licht. Sechs oder acht Leute waren bereits drinnen, die Hüte in der Hand, und einer hielt ein Kind fest, wie ich selbst festgehalten worden war, an seiner blauen Schärpe, und ich trat ebenfalls näher und schaute hinab.

Es herrschte dieselbe Dunkelheit, nur verlieh das purpurrote geheimnisvolle Licht ihr einen weniger düsteren und künstlichen Aspekt. Dort, Seite an Seite, standen die beiden großen Schachteln wie riesige rechteckige, kostbare Kuchen, wie eine versunkene Konditorei mit Blumen und Bändern, und hatten so überhaupt nichts an sich, was an den Tod gemahnte. Und es war, als ginge von diesen beiden Toten etwas weniger Bedeutendes als der Tod aus und etwas weniger Tiefes als die Bedeutung des Grabes, und die beweglichen Gestalten mit den Hüten in der Hand wirkten wie seltsame unmenschliche Dinge, die um ein noch befremdlicheres, noch unmenschlicheres Loch herumkrochen, ein mit Dunkelheit und Tod gefülltes tiefes

Broadway, The Great White Way, von der 49th Street in Richtung Norden

Loch, das dabei doch irgendwie weniger melancholisch und inspirierend war als die Tiefen einer Zisterne, die vom leisen Tropfen des Regenwassers widerhallt.

Immer wieder gingen wir herum und schauten hinab, und draußen hörten wir schwach, aber deutlich die Stimme des Wärters rufen: »Ansichtskarten von New York, zehn Cent das Dutzend«, und sein Ruf wurde noch übertönt von den auslaufenden Schiffen. Irgend jemand, der zu flüstern anfing, durchbrach eine bedrückende Stille.

»Er ist gut gestorben«, sagte der Offizier durch seinen Schnurrbart hindurch.

»Ja«, antwortete der Junge aus dem Westen, »er starb, sagen wir, erfüllt von einer ungeheuren Freude.«

Die kleine Frau aus Utah bekreuzigte sich stumm, trat ebenso stumm auf Zehenspitzen in die Flaggenzimmer und begann, durch einen fest vor die Augen gedrückten, silbergefaßten Kneifer die ausgeblichenen Flaggen zu beäugen, die Kranzschleifen mit ihren komischen Angaben – »Junior Vice Commander John A. Wiedersheim« (verziert mit einer Rose oder einer anderen Blume) –, die gerahmten Proklamationen und Deklarationen der Trauer und schließlich das gestickte Bild des toten Generals, flankiert von Victoria und Justitia.

Und schon ging die Fahrt wieder los. Als wir den Broadway hinabfuhren, blickten die Soldaten von auswärts wehmütig angesichts seiner Länge und seufzten. The Great White Way: Eine nackte Anordnung elektrischer Kugeln bewehrte jede Fassade wie die Haut eines riesenhaften, glühenden Dings, das seinen Panzer abgeworfen hatte, und die Drehtüren der Hummer-Paläste schienen wenig mehr zu sein als die Türen eines Bürogebäudes in Tacoma. In den Gesichtern aller stand etwas Endgültiges: Sie waren gekommen, sie hatten gesehen, und nun gingen sie wieder.

Der kleine Franzose sang immer noch »Très jolie figure«, als wir vor dem Flatiron Building anhielten, und der Mann mit dem Megaphon kletterte einmal mehr auf seinen Aussichtsposten und fing von einer anderen Fahrt zu erzählen an – einer Fahrt durch die Bowery: »Die Bowery mit ihrer nimmerendenden Prozession menschlicher Wracks, alter wie junger« –, und während sie lächelnd zu ihm aufblickten, schüttelten die Jungs aus Kanada den Kopf.

»Uns können Sie keine Angst machen«, sagten sie und wandten sich in Richtung Untergrundbahn, »wir haben selbst schon was vom Leben gesehen und werden noch mehr zu sehen bekommen.«

Ich wandte mich dem kleinen Franzosen zu, während wir wieder zur Fifth Avenue hinübergingen, und sagte: »Also, die Jungs waren nicht so überrascht, wie ich angenommen hatte.«

»Das ist einfach zu erklären«, antwortete er und schritt munter auf seinen zierlichen ausländischen Beinen aus. »Diese Jungs aus dem Westen kommen doch dorther, wo diese Dinge gemacht werden. Das Haus da auf der großen Straße, das aus Stein und dem Kupfer aus den Minen des Burschen erbaut worden ist – na, das haben die Jungs doch gesehen, während es noch auf den Feldern lag, als es vor ihren Augen größer und imposanter wurde, als Hügel, Berge, Minen, tiefe Löcher, Abgründe, worin alles liegt, was uns jetzt auf allen Seiten umgibt. Sie waren schon da, als die Stadt nur ein Traum war, und sie kannten ihre Beschaffenheit, noch ehe sie geplant, ehe sie zugeschnitten wurde.« Er zog die Schultern hoch: »Also, dann au revoir, Mademoiselle!« Und er entfernte sich, munter ausschreitend, und sang »Très jolie figure d'amour«.

NEW YORK MORNING TELEGRAPH SUNDAY MAGAZINE, 7. JULI 1918

ES GIBT KEIN CHINATOWN

Als die chinesischen Immigranten in den westlichen Staaten der USA ihre Arbeit beim Eisenbahnbau und der Landerschließung einbüßten, trieben Rassenspannungen viele von ihnen an die Ostküste, wo sich ab etwa 1850 etliche in Manhattan, an der Lower East Side um die Kreuzung von Mott und Pell Street, ansiedelten. Um die Jahrhundertwende lebten dann etwa 12 000 Chinesen in Chinatown, und ihre vielen Restaurants begannen gerade erst, die New Yorker aus anderen Stadtteilen anzulocken. Im Jahre 1913, als Djuna Barnes diesen Artikel schrieb, hatte Chinatown bereits Jahre blutiger Fehden rivalisierender Geheimgesellschaften, der Tongs, hinter sich. Obwohl die sechs wichtigsten Tongs für ihre Mitglieder auch eine ganze Reihe legaler Funktionen ausübten, verbanden die New Yorker die Tongs nur mit Spielhöllen, Opiumschmuggel, der Ermordung von Tong-Mitgliedern, Prostitution und weißem Sklavenhandel.

Chinatowns weißer ›Bürgermeister‹ Chuck Conners starb im Mai 1913.

Zu dritt machten wir uns kürzlich abends auf, um Chinatown zu entdecken. Wir waren tapfer und unerschrocken, wir waren mutig und hegten keinen Zweifel am Mut des anderen, doch die Angst saß uns auf den Fersen und kitzelte uns mit der Vorahnung von Gefahr und schrecklich bösen Dingen, die wir zwar sehen mußten, an denen wir jedoch nicht teilhaben durften – wir erwarteten die krumme Gasse, die von blutroten Laternen erleuchtet war; Balkons, auf denen China vor sich hindöste; hohe, schmale Schilder, die mit Teepäckchen-Buchstaben beschrieben waren; einen Schuß, abgefeuert im Schutz der Nacht; schmale Gäßchen, die ins finsterste China führten; Hinterausgänge und Zimmer hinter schweren Vorhängen, in denen halbtote Bündelchen, nur noch gelbe Haut und Knochen, an der Pfeife sogen; Tanzlokale und Teegesellschaften, die seltsame, von Drähten hervorgebrachte Musik oder ein Tomtom wie eine Teakholzmuschel und die fellbespannte Trommel; Mädchen, die innerhalb eines Jahres alt wurden, und Männer, die dem Tod ins Gesicht lachten. Wir drei erwarteten, daß wir im glimpflichsten Falle Chop Suey essen und das Ganze sich zu einem Tong-Krieg zuspitzen würde.

Von Park Row kommend, hielten wir auf die Mott Street zu – kam da vielleicht zischend ein Feuerball herausgeschossen? Nein! Fuhren uns vielleicht urgewaltige bezopfte Chinesen mit sechs Zoll langen manikürten Fingernägeln an die Gurgel? Machte die chinesische Schrift sich plötzlich selbständig und rückte unserer Beherztheit mit einer in scharlachrote Tinte getauchten Sandelholztuschbürste zuleibe?

»Ich möchte«, murmelte der Sportredakteur, in Treue fest, »ich möchte eine Laterne sehen. Vor allem möchte ich den Kriegsschrei eines Chinesen hören, und danach möchte ich einen Reiskuchen.«

Es gibt kein Chinatown.

Es gibt ein paar Pyramiden Tee zu einem Vierteldollar das Päckchen. Es gibt ein paar Krämerläden, in denen sich kein Mensch rühren kann, mit seltsamen hochaufgetürmten Eßwaren. Es gibt ein paar wettergebleichte Schilder, die im Wind schlagen. Es gibt ein paar Chinesen – doch nicht einer von ihnen trug eine bedrohliche Waffe; nicht einer trug einen Zopf, kaum einer trug die orientalische Tracht. Während des ganzen Abends bekamen wir nur eine Frau zu Gesicht außer Miss Florence, der Missionsschwester. Und aus den hundert dunklen Fenstern spähte nicht ein Gesicht.

Wo war denn Kelly's, Jimmy Kelly's, das Tanzlokal mit den Blechvorhängen? Ein baufälliges Souterrain, ein Wurf Bulldoggenwelpen, ein Stöhnen aus dem Dunkel, Matrosen, die die Treppe hinaufstolperten, ein Licht in der Finsternis. In einer Ecke gestapelte Tische, die vor sich hinrosteten; kleine Gäßchen, die in ein anderes Haus und hinaus in die Hintergassen führten; lichtlose Leuchter, ein verbogenes Schild mit einer Tabakreklame und in der Mitte des Tanzbodens fingerdick der Staub, der seinen Ruhm bedeckte, eine Opiumlounge mit Platz für vier, mit Perlmutt ausgelegt und dem Verfall anheimgegeben. Das war Kelly's – unwandelbarer Staub –, sonst nichts.

Und was war mit dem Mandarin Club? Was war mit dem chinesischen Theater mit seinen Hundertaktern? Letzteres ist eine Missionsstation, worin Menschen vor Hitze ersticken und Christen werden.

Weh dir, du abgelebter Glanz! Doch was kann man überhaupt erwarten, wenn das Trottoir die Menschen bis in die Straßenmitte quellen läßt? China tritt den geraden und schmalen Pfad der Notwendigkeit. Nur gelegentlich gewahrt man, daß Chinatown bewohnt ist, auf solch leisen Sohlen gehen die Bewohner; sie leben im Gefilde ihres tiefsten Innern und lassen nichts hinaus zu ihrem Nachbarn. Vielleicht ist diese Monotonie ihres Lebens schuld daran, daß ihre Kunst nicht höher gestimmt wurde und sich mit flachem Ton und flacher Oberfläche zufriedengab.

In dem ganzen Viertel gab es weit und breit nur zwei chinesische Laternen zu entdecken. Sie hielten in einer Restaurantküche als Dekoration her, wo die Chinesen zur Förderung des Appetits kochten – in einer makellosen, herrlichen Küche, in der sich die makellosen, herrlichen, geschnitzelten Gemüse und geschnitzelten Fleischportionen türmten.

China hat darauf verzichtet, dem Teufel zu dienen, und dient nun Amerika. Und ungeachtet der Tatsache, daß es gar kein Chinatown gibt, ist es schwierig, den Ort zu beschreiben, der seine Tanzlokale, seine Opiumhöhlen, seine Hinterzimmer voller Diebesgut und seine Schrecken, seine Farbe und seine Schwelgerei, seinen Aufruhr und seinen Chuck Connors verloren hat, denn im Tode ist er entsetzlich.

Aus dem gewundenen Ende der Doyers Street kommt der einzige Bettler, den die Straße kennt – tiefgebückt, mit lautem Bittgeschrei –, denn das Eisen muß Wasser werden, und die Hügel müssen herabkommen und wandeln, und der Himmel muß einstürzen, ehe ein Chinese die bleiernen Fesseln spürt, die aus den Wänden des Herzens wachsen, und um Almosen bittet. Da war er nun, bettelte mit weitausholenden Gesten der Klage, ohne Hoffnung auf Erfolg, ein verbitterter, torkelnder, gebrochener, verkrümmter Leib, der seinen Weg durch eine gebrochene, verkrümmte Straße nahm.

Meilenlang erstreckt sich der Himmel in dunklem Blau, von den Sternen gesprenkelt, bis er jenen Streifen erreicht, der auf Mott und Pell Street hinabblickt. Da verlischt der Himmel, und die Sterne vergehen, und da ist nur noch ein schwarzer, undurchdringlicher Abgrund überm Kopf, ein schwarzes klaffendes Loch in der Ewigkeit – bezeichnenderweise, weil die Chinesen, die verstohlen unter ihm einhereilen, die Geräusche ihrer Familie im Hausinnern niemals mit Kummer oder Freude erfüllen und die Geräusche ihrer Nachbarn außerhalb des Hauses ebensowenig.

Als es uns dreien endlich gelang, uns auf Zehenspitzen aus der eintönig gesungenen, orakelhaften Umarmung des Götzenhaus-Wächters zurückzuziehen, der mit feindseligem Blick über den Thresen voll Puppen gebeugt stand, »die wachsen konnten«, nach dem endlosen und unverständlichen Gemurmel an die Adresse gefallener Götter, und nachdem wir ganze Wolken Weihrauch durchdrungen hatten, traten wir den Rückzug an, eine schmutzige graue Treppe hinab und durch einen Flur, und stahlen uns, wie die Schatten von Ungeheuern gleitend, von Tür zu Tür voran, wobei wir mit weitaufgerissenen Augen nach einem Chinesen Ausschau hielten und nach dem Mohn schnüffelten, der sein Leben dafür hingibt, den Menschen zu besiegen.

Der Sportredakteur öffnete auf einmal eine Tür, und wir drei platzten in ein Zimmer. Waterloo mag ja auf grandiose Weise verloren gegangen sein, aber bestimmt nicht auf so grandiose Weise, wie der Chinese im Innern dieses Zimmers verloren war. Da stand er nun, der Bedrängnis trotzend, die Pfeife in der Hand, aufgeschreckt und aus einem Traum gerüttelt, und versuchte es hurtig mit einem Spiel, das ihm die Chance ließ, unentdeckt zu bleiben. Er spielte mit einer Flasche ambrafarbenem Öl herum, und wir lächelten. »Laß die Pfeife nicht ausgehen, Alter«, sagte der Sportredakteur, und der Chinese in dem dämmrigen, rauchgeschwängerten Zimmer fiel mit kleinen Mandelaugen, die langsam noch kleiner wurden, wieder in seinen Traum zurück.

Und dann paradierten das Chop Suey und der Tee vorbei – unnachahmlicher Tee, der, wiewohl aus stets demselben Stoff, niemals gleich schmeckt – die blauen, henkellosen Tassen, die allgegenwärtigen Perlen und die Tische, aus denen Touristen, die der Meinung sind, das Wesen von Chinatown ließe sich in der Tasche davontragen, sämtliche Perlmuttintarsien herausgestohlen haben. Die ulkigen, lautlosen Kellner, die ihren Webster gut genug beherrschen, um die Rechnung auf Englisch zu schreiben – der Orient, in den sich Amerikaner einmengen, die dumm genug waren, die Ruhe eines fremden Elements mit einem unvermittelten scharlachroten Lächeln zu durchbrechen, das von einem Slangwort begleitet wird.

Dann gab es Musik, die unverhältnismäßig entgleiste, als einem schlotternden Klavier mit kurzen, spasmodischen Tastenhieben ein Tango entrungen wurde. Es war ein von fremdländischen Händen erzeugtes Wimmern – von Händen, die die einzige Musik erzeugten, die das alte Instrument hervorzubringen imstande war – wahrhaftig, ein heidnischer Gott, der englische Liedchen singt.

Und auf dem Tanzboden tanzten mit der lockeren, schwingenden Bewegung des Tangos wie ein in seinen Angeln verrückt spielendes Weidegatter die Yankees und schnippten mit den Fingern, summten und drehten sich im Kreise. Aus den seidenen Draperien heraus schauten wir zu, während wir unseren Tee tranken, und der Sportredakteur verwirklichte seinen Reiskuchentraum, und der kleine Chinese schaute mit ungerührtem Blick aus halbgeschlossenen Augen zu, denn er wurde dafür bezahlt, daß er die Jalousien heruntergelassen hatte.

Um dessentwillen waren wir hereingekommen, und eben weil wir hereingekommen waren, konnten wir nicht anders als erleben und erlebten wir und waren wir enttäuscht zu entdecken, daß keine Nation imstande ist, die

Pell Street, Chinatown, 1909

Pell Street und Bowery, Chinatown, 1938

Tonleiter des Bösen zu handhaben, keine Rasse so wendig leben kann, daß am Ende die Sühne nicht doch ihre fordernde Hand ausstreckt. Wir waren enttäuscht, doch nicht auf traurige Weise, wir hatten zwar Hoffnungen gehegt, standen am Ende jedoch nicht mit dem Gefühl da, einen sinnlosen Abend verbracht zu haben. Wir hatten die Erinnerung an Tee, und wir wußten, daß wir den Saum des schwärzesten Flors gestreift hatten.

Wir wandten uns um. Hinter uns, um die verbotene Ecke linsend, lagen die Lichter von Park Row. Auf Tuchfühlung mit uns schnitt ein Chinese Zuckerrohr in Stücke, und im Innern eines schummrig beleuchteten Zimmers saß ein orientalischer Arzt sinnierend über seinen Waagen und Kräutern, und die Restaurants bliesen ihre warmen, angenehmen Düfte in die drückende Luft. Und so verließen wir an dieser Stelle die Sphäre, worin die verwunderten Götzen lagen und der zu Staub zerfallene Neujahrskuchen und die Blechjalousien von Kelly's, so blicklos wie die immerwährenden Toten, und das Haus, wo Chuck seinen Geist aufgab und wo die Gebete sich im Verhau einer gespickten Sprache verfangen hatten, das Herz jedoch aufrichtig trauerte. Und als wir in die Lichter der Row traten, die blinkten und blinkten, sagte der Sportredakteur langsam:

»Na schön, ich habe die Reiskuchen bekommen, und ich habe die Laternen gesehen, doch da gibt es gegenwärtig nichts, das einen Chinesen zu einem lauten Aufschrei bewegen könnte, weil dann der ganze Staub und die ganze Verwesung eines gloriosen Begräbnisses auf ihn niederrieseln und ihn unter der Asche begraben würden. Springen wir rüber zur Forty-second Street und sehen wir uns einen Tanz an.«

Chinatown ist ein Abschnitt, über den das Alphabet unserer Stadt hinwegsteigen muß.

Es gibt kein Chinatown.

BROOKLYN DAILY EAGLE, 30. NOVEMBER 1913

DIE MENSCHEN UND DAS MEER – WIE SIE ZUSAMMENKOMMEN

Coney Island konnte sich um die Jahrhundertwende rühmen, der bekannteste Badeort der Welt zu sein. Die Holländer gaben ihm seinen Namen wegen seiner riesigen Karnickelkolonie, und im übrigen ist Coney Island eine fünf Meilen lange Sandbank an der Südküste Brooklyns.

Lange schon, ehe man an Vergnügungsparks dachte, war Coney Island ungeachtet des Platzmangels, wie er auf diesem langgestreckten Sandstreifen herrschte, für diejenigen, die keine Möglichkeit hatten, weiter oben auf Long Island an den Strand zu fahren, bevorzugter Badeort. Und mit seinen Tausenden von Leihbadeanzügen konnte Coney während der stickig heißen New Yorker Sommer eine beachtliche Portion der strandhungrigen New Yorker Bevölkerung aufnehmen. Die Dauerbewohner der Insel waren freilich bekanntermaßen niemals Befürworter der Vergnügungsparks.

Als die Zwanziger Jahre näherrückten, begann der Charakter von Coney sich zu wandeln, feste Wohnhäuser lösten in zunehmendem Maße die reinen Sommerkolonien ab und Coneys anfänglicher Ruhm, ein ›Elektrisches Eden‹ zu sein, war unwiederbringlich dahin.

Wie sehr unterscheidet sich doch das Strandleben von Coney von dem, was man sich darunter vorgestellt hat! Man hat es nicht auf Bildern gesehen, man hat nicht darüber gelesen, ja, es ist sogar zweifelhaft, ob man schon von selbst dahintergekommen ist, welche Idee dem modernen Leben auf dem Volksspielplatz am Ozean zugrundeliegt.

Eine nimmerendende Schlange von Vergnügungssuchenden – die sich bis unmittelbar an den Rand des Meeres ausbreiten, in dem sie baden wollen – strebt die Straße hinab und dann um die Ecke, und ihr Ziel ist das Innere des städtischen Badehauses.

Die drei diensttuenden Polizisten wären von geringem Nutzen, gäbe es da nicht den jedem Schwindel abholden Geist einiger Schlangesteher. Wenn ein ›Vordränger‹ oder ›Drängler‹ in die Schlange zu kommen versucht, oder wenn sich eine Doppelreihe zu bilden beginnt, schreit der Mensch weiter unten: »Hallo, Herr Wachtmeister, da drängen sich welche vor!«, oder: »Immer schön hinten anstellen!«

Oberhäupter von Familien, die mit ihrer Mittagsmahlzeit aus Obst und ungeheuerlichen Brotquadern vorrücken, blicken starr vor sich hin und drücken die Hände ungeduldiger Kinder. Drinnen sind wie verschwommene Tiere die weißgekleideten Aufseher erkennbar, die ruhelos auf und ab gehen, angesteckt von der Ruhelosigkeit der Menge. Alle haben die ganze Zeit nur eins im Sinn, den Hinterausgang, der sie in den Sand entlassen wird. Doch drehen sie sich halb um, beobachten einen, während man selbst zurückstarrt, oder kramen in ihren Börsen nach Kleingeld für den Mann, der aus einem Waschkessel Limonade verkauft und über die hochgetürmten, blanken Brezeln wacht.

Der menschliche Aspekt des Ganzen bedarf keiner Worte von mehr als zwei Silben. Jeder steht in ihrer Fibel und ist rasch von ihrem ABC erfaßt.

Und die Ansässigen aus der Wildnis im ›Innern‹ von Coney, die herunterkommen, gebührenfrei, ›auf Schusters Rappen‹, bereits als Ausgekleidete gekleidet, halten am Strand ihre Regenmäntel oder Kleidungsstücke von noch größerem Interesse umklammert. Andere strecken alle Viere von sich wie Fliegen auf Fliegenpapier, so reglos, so erschöpft und zweimal so erhitzt, oder trinken langsam und mit äußerstem Widerwillen aus warmen Flaschen. Hin und wieder kann man auch ein paar Steppkes Kaffee aus Muschelschalen trinken sehen.

In einem sonderbaren handgenähten Badeanzug unter einem improvisierten Handtuchzelt hockend, beobachtet die Mutter der ganzen Schar ihren Adonis von 1930 dabei, wie er sich in absichtsloser, friedlicher Unkenntnis räumlicher Beschränkungen auf seinem Babyrücken räkelt, während er mit unerschrocken geballten Fäusten der Milchstraße seinen Trotz entgegenzuschleudern scheint und sie herausfordert, bessere Butter zu machen, als das Faß derzeit hergibt – es ist das Baby, das Baby der Familie, und die ganze Welt liegt vor ihm.

In unsäglich heiße Kammgarnanzüge gekleidet, Pullover über die Schulter geworfen, gehen die jungen Männer auf und ab und suchen sich ihren Weg zwischen den am Boden eingerollten formlosen Gestalten mit Morgenzeitungen überm Gesicht.

Draußen an den Seilen verschwinden Menschen bis auf die Hälfte, bis auf ein Drittel, bis auf hüpfendes rotes Gummi mit einem Paar Augen darunter, und dann sind sie wieder da, zu einem Drittel, zur Hälfte, zur Gänze, triefend, selig, und suchen nach ihren Heldentaten die ›Kuhlen‹ anerkennungheischend nach ihren Familien ab.

Tausende von Seelen haben ihre Individualität mit ihren Kleidern fallen lassen, und der eine Mensch, der das nicht getan hat, steht unter ihnen und bedeckt sein Gesicht mit den Händen, doch mit Fingern wie ein Heurechen. Er hat den Stoff in sich aufgenommen; er war durchaus interessant. Er hat

Coney Island, etwa 1905

das Leben beim Schwalbenschwanz gepackt und dabei Skelettschlüssel in dessen Tasche klappern gehört.

Harmlose Bilder sind schlimm genannt worden, und nun ist die Wirklichkeit schlimm, aber harmlos.

Harmlos ist die Frau, die im Umhergehen alles einrahmt, wovor sie steht. Es ist nicht ihre Schuld, daß man ihr allzu früh das Laufen gestattet und das Meer sie sich als Passepartout ausgesucht hat. Es ist nicht schlecht von dem Mann, daß er sein Mittagessen zuweilen mit einer Banderole um die Taille verzehrt, worauf geschrieben steht: »Willst du nicht die Arme um mich legen?« Er versucht lediglich herauszufinden, was für ein Gefühl das ist, eine Zigarre zu sein, und es ist auch nicht sonderlich schändlich, daß eine im Sand liegt und den Kopf gegen einen Mann lehnt, dem sie das ewige Ja gesagt und ihn dann zweihundert Nächte lang mit einem Rüffel ins Bett geschickt hat, und ebensowenig bösartig ist es, wenn ein Mädchen einen Jungen mit Sand bedeckt. Nun lächelt sie, und wenn jemand anderes ihn für sie bedeckt, wird es Tränen geben. Und harmlos ist der kleine Aufschrei, der verrät, daß da eine das Leben mit beiden Händen gepackt hält, während sie unter Wasser gestoßen wird.

Heutzutage kommt der Familienvater nur selten in körperlichen Kontakt zu seinen Kindern, sie hängen ihm nicht am Hals und klettern nicht an ihm herum und packen sein Haar nicht mit der Faust und ziehen daran, wie sie es zur Zeit des Höhlenmenschen zu tun pflegten, doch nun gibt es ja diesen Sonntagmorgen. Befreit vom Brandmal der Straße, der vor lauter Kleidern sonnenlosen, legt er sich, durchtränkt von der Sonne und dem Gleißen der See, auf den Rücken und fühlt sich endlich so gar nicht geniert, wenn sein ›Kleiner‹, ein Bein an jeder seiner Flanken, beide Hände auf seiner Brust, seinem Brustkasten alles an Federung abverlangt, was in ihm steckt.

Das ist einfach nur so ein freundliches, frohes Gefühl, das nicht Urlaub ist; es ist ein Erwachen. Keiner nimmt es vorweg, bis er ihm erlegen ist, und wenn er nach Hause kommt, hat es sich schon verflüchtigt. Nur während jener wenigen Stunden, die wir nicht zählen, wenn der Ruf des Polizisten ertönt und die Karussells den Kindern vorsingen und die Brezelstangen nackt sind und man mit den Zehen im Sand wackelt, oder wenn das Wasser gerade eben ein Stückchen höher hinaufkriecht und sich so ulkig trocken anfühlt, da gewahrt man es. Und es ist Zeit, nach Hause zu fahren, und die Schlüsselnummer am Hals beginnt, sich anzufühlen wie ein Passierschein, der einer anderen Ordnung zugehört, wenn man sie abnimmt, und am Rücken hat man Sand, den man gar nicht bemerkt hatte, doch nun kehrt man nach Hause zurück, und da kommen die Schlußfolgerungen.

Dies ist das größte Abenteuer für alle: Man beeilt sich, man wird gestoßen, gerissen, geschleudert, man wird von diversen Gegenden des Weltballs eingeschlossen, zur Linken ein Deutscher, zur Rechten knufft ein Däne einen in die Rippen, hinter einem eine Knoblauchschwade, heulende Kinder, die sich an triefende Badeanzüge klammern, ein nasses Handtuch würgt einen plötzlich, und man hat das Gefühl, nicht eben die günstigste Position erwischt zu haben, und man ist verwirrt in einem Maße, daß man lebhaft nach einem logischen Epitheton in einer unbekannten Sprache sucht, während die eigene darauf brennt, laut zu werden.

Rittlings auf sämtlichen tauglichen Lösungen sitzend, starrt man in grimmiger Entschlossenheit in die Augen eines Schweden, die sich genau auf gleicher Höhe mit den eigenen befinden, nur daß der andere die Lage besser meistert, als man je eine gemeistert hat. Zerrend, ziehend, stoßend erreicht man so seinen Bestimmungsort, doch es nützt alles nichts – denn man steht in der Wagenmitte und kann sich nicht rühren. Oben das Langwerden des Halses. Unten die Aussicht, daß das Zuhause ruft und die Stimmung gedämpft ist.

»Schläft der Kleine, Mutter?«

»Ja.«

»Bist du müde, Mutter?«

»Oh ja.«

»Na, jedenfalls war es schön.«

BROOKLYN DAILY EAGLE, 10. AUGUST 1913

MAN TRINKT NICHT NUR COCKTAILS IN DER BRONX

Kürzlich sagte jemand zu mir: »Und dann wäre da ja auch noch die Bronx. An die Bronx denken die wenigsten, selbst die nicht, die dort leben, wenn man einmal davon absieht, daß gelegentlich so ein Faktenhuber erklärt, sie sei vierundsechzig Quadratmeilen groß und die Stadt mit den meisten Babies.«

Und dann sagte er noch etwas, das in mir plötzlich die Erinnerung an die Zeit wachrief, als ich ebenfalls in der Bronx lebte.

Komisch, das erste, was mir einfiel, war ein Steinmetz, ein Künstler seines Faches, der den ganzen Tag mit Hammer und Meißel Grabsteine bearbeitete, ein grauhaariger Mann mit ebenso scharfem wie melancholischem Blick, den er kaum je von seinem Stein hob, außer gelegentlich, um mit mir zu sprechen und sich über den Geschmackswandel auf seinem Gebiet zu beklagen. Er sagte dann:

»Früher einmal war die Grabsteingravierung ebenso eine Kunst wie die Bildhauerei. Ich habe manch herrliches Blatt und manch weinende Gestalt in Stein geschnitten; keine schien so aus tiefster Seele zu weinen, wie meine zu weinen scheinen. Ein Friedhofswärter erzählte mir, an einer bestimmten Grabstätte würde die Erde niemals trocken, das war die, wo meine verschleierte Frau stand. Das mag übertrieben sein, doch Sie verstehen, was damit gemeint war. Jetzt –« und dann folgte eine kleine Geste mit dem Meißel – »wollen sie nur kunstvolle Buchstaben, häßlich sind die anzuschauen, geschmacklos. Ich will nicht behaupten, alle wollen so etwas, aber doch die Mehrzahl.«

Er war ein tüchtiger Mensch und ein kluger obendrein, und wenn sein Tagewerk getan war, stand er oben auf dem kleinen Hügel und sog die Abendluft ein, während er auf die Stadt hinabblickte.

Doch das, dachte ich, hat der Herr bestimmt nicht mit der Bronx gemeint, und wieder regte sich mein Gedächtnis. Es fing im Botanischen Garten der Bronx an. Es war früh am Morgen – oh, sehr früh sogar, kaum später als halb acht. Das Gras war noch naß, und der Mann, der fegte, war erst auf der dritten Stufe. In der Ferne blitzte zwischen Büschen und Hecken der schmutzigweiße Kittel des Papieraufsammlers auf, der mit seiner Pieke hin- und herging und nach Zeitungen und Liebesbriefen vom Vortag Ausschau hielt.

Es war der Treffpunkt eines vorstädtischen Vereins von Insektensammlern. Sie trafen sich einmal jährlich am Tor des Botanischen Gartens, und ich wollte mich ihnen anschließen. Alsbald trafen sie ein. Der erste, ein knochendürrer alter Herr, kam mit einem großen Schmetterlingsnetz und einem Überzieher. Er trug die Brille ganz unten auf der Nasenspitze, sprach in grammatikalisch umständlichen Vielsilbern von »sonstigem Marschgepäck« und dergleichen und hinkte leicht. Nach ihm kam eine Frau mittleren Alters aus South Carolina, die ein enges Mieder, Fäustlinge und ein Paar Häkelkäppchen über den Ohren trug. Sie war sehr rundgesichtig, fidel und hinter seltenen Exemplaren her. Sie erklärte denn auch, seit dem letzten Jahr um dieselbe Zeit habe sie kein wirklich gutes Exemplar mehr gefunden, und das letzte liege immer noch in Alkohol, sehr zum Ekel ihres botanisch uninteressierten Vaters.

Dann tauchte hinter der Dame aus South Carolina ein untersetzter Herr mit sehr engen Breeches und sehr rotem Gesicht auf, der sich mit drei riesigen Büchern abschleppte, worin er seine Funde zu pressen beabsichtigte. Ein vierter und fünfter und sechster und schließlich eine sehr dünne, kleine Frau beschlossen die Prozession.

Es sah so aus, als wollten sie nach Clason Point[6].

Ich werde diesen Ausflug nie vergessen. Es war eine höchst mysteriöse und förmliche Angelegenheit. Jeder wurde jedem vorgestellt. Sie trafen sich offenbar schon seit etlichen Jahren, doch in der Zwischenzeit vergaßen sie einander, und einige kicherten, als sie den anderen erneut vorgestellt wurden, und sagten etwa: »Ach, ich erinnere mich doch genau – Sie sind der Mann mit der Tante mit dem Wasser im Knie – wie geht es der lieben alten Dame denn jetzt?«, oder: »John Matthews – John – ach ja, Sie waren der Mann, der die kryptogamische Pflanze entdeckt hatte!« Und der angesprochene Herr verbeugte sich stolzerfüllt und antwortete: »Der bin ich.«

Schließlich stiegen alle aus und warfen sich wie Bomben in die Landschaft. Einer der Herren schrie sogleich: »Das dort ist ein ganz seltenes Exemplar!« und hörte den ganzen Nachmittag nicht wieder auf. Zwei setzten sich ins Riedgras und führten eine Diskussion über die Vorzüge von Liebe und Haß. Der eine behauptete, die Liebe sei stärker und folglich besser als der Haß, und der andere wurde böse, als er das nur hörte, und erklärte, er habe sich auf den Haß konzentriert, seit im Jahr 1900 die Schweine tot dalagen und gerade erst kürzlich habe er wieder erfolgreich mit den Zähnen geknirscht.

Auf einmal kreischte die kleine dünne Dame: »Winkerkrabben! Winkerkrabben!«, und John Matthews erhob sich langsam und näherte sich ihnen drohend. Sie wirbelten auf unebenmäßigen Zangen am Grund eines sehr seichten Tümpels umher – es handelte sich beinah um nicht mehr als ein Schlammloch.

Konservatorium des Botanischen Gartens, Bronx Park

Das bewirkte für ein Weilchen beträchtliche Aufregung; sie schienen vergessen zu haben, daß man Winkerkrabben wohl kaum als seltene Fundobjekte oder echte Entdeckungen bezeichnen kann.

Ein oder zwei waren in den Wald hineingewandert; einer verirrte sich und schrieb einem anderen Mitglied der Ausflugsgesellschaft erst sechs Monate später, daß er wohlbehalten nach Hause zurückgekehrt sei.

Dann kam das Einkehren. Das Wirtshaus hatte eine niedrige Decke, sechs präparierte geweihtragende Köpfe an den Wänden, eine ausgestopfte Schlange unter Glas und einen Barkeeper mit gewaltigen Koteletten.

Hier unterbrach ich den Strom meiner Erinnerungen und fragte mich: »Könnte das vielleicht gemeint sein, wenn von ›der Bronx‹ gesprochen wird?«

Ich ließ diese Erinnerung zugunsten einer anderen fallen: Ich war noch sehr jung, als ich mich in Poes Haus stahl und unbemerkt bis auf den Speicher vordrang, wo ich einen Kinderstiefel fand, den jemand hinter einen Balken geworfen hatte. Es war ein schmutziges, abgetragenes Schuhchen mit hochgebogener Spitze und abgetretenem Absatz. Ein aus rotem Leder gefertigter Schuh mit zwei fehlenden Knöpfen. Und ich dachte an den ›Fall des Hauses Usher‹ und an das ›Verräterische Herz‹, und eine unziemliche Wonne durchschauderte mich, als ich dachte: »Das ist der Schuh von dem Mann, der schuld daran ist, daß mein Bruder letzte Nacht im Schlaf geschrien hat.«

Doch als ich wieder zu Hause war, lachte Mutter mich aus und sagte, Dutzende von Familien hätten seit damals in Poes Haus gelebt, und ganz bestimmt sei das der Schuh von Mrs. O'Connor's Baby, dem, das im letzten Frühjahr an Koliken gestorben sei.

Und dann dachte ich an die Steinbrüche von Fordham. Ob man Fordham wohl als Teil der Bronx gelten lassen würde? Ich konnte mich von Fordham schlecht lösen, ohne die Erinnerung an einen großen, schönen Neger, der den ganzen Tag mit dem Steinbohrer dahockte und sich umwandte und in die Hände spuckte, und hinter ihm Kräne und schaukelnde Eimer und Staub.

Oben in den Bäumen über diesen Steinbrüchen stand ein schwarzer Kasten, der an eine Weide gekettet und über dessen schwarze Teerpappe in roten Buchstaben das Wort ›Lebensgefahr‹ geschrieben war: ein Kasten, an dem wir immer mit angstvoll angehaltenem Atem vorbeirannten, ein Kasten, der, so hatte unser Vater uns erklärt, Dynamit enthielt.

»Wofür?«

»Zum Sprengen.«

Und nachmittags, wenn wir auf unserer Veranda standen, konnten wir den Warnruf »Feuer!« hören, während das Poltern zerborstener Felsen die Luft mit einem dumpfen Stöhnen erfüllte und Pulvergeruch die Hohlwege hinaufzog.

Und wäre das nun ein angemessener Beitrag zum Thema?

Und da war das Wasserreservoir. Wir gingen immer ganz oben an seinem Rand entlang und winkten den Kleinen zu, die unten auf einer tiefergelegenen, weit weniger exponierten Ebene vorbeikamen.

Und Pelham Bay, wo Sydney hinkam, als er zu den Marines ging, und Fleischman's Café, wo Alex und Courtney zuviel Zeit zu verbringen pflegten – ja, all diese Lokalitäten sollten angeblich in der Bronx liegen. Doch ein Mann an meiner Seite wollte, während ich die Mott Avenue hinabging und nach den italienischen Gärten Ausschau hielt, die den Bahndamm sprenkeln, nicht aufhören zu behaupten: »Das ist ganz und gar nicht damit gemeint, wenn von der Bronx gesprochen wird. Das ist das ›Hub‹, 149th Street – erzählen Sie ihnen darüber etwas oder über die Tanzfläche von Hunt's Point Palace, das ist nämlich die größte Tanzfläche der Welt. Und dann erzählen Sie ihnen etwas über das Park Hotel, das interessiert sie bestimmt; da speisen doch die Geschäftsleute geräucherten Schellfisch und Avocados. Oder, falls das nicht ausreicht, erzählen Sie ihnen etwas über das Brückensystem: Die Willis-Avenue-Bridge, die Third-Avenue-Bridge, die 129th-Street-Bridge, die 135th-Street-Bridge, die 149th-Street-Bridge, die 155th-Street-Bridge, die Washington-Heights-Bridge. Erzählen Sie ihnen etwas über das Behördenviertel an der Tremont Avenue.Ich habe mal erlebt, wie auf der Straße ein Mann von einem Müllwagen überfahren wurde ...«

»Halt!« schrie ich entsetzt und hielt die Hände hoch.

»Erzählen Sie ihnen etwas über O'Hara's Hall in der 200th Street, erzählen Sie alles, was Sie wollen, aber liefern Sie ihnen Fakten.«

»Fakten«, sagte ich langsam, »meine Güte, so weit ist es also mit uns gekommen?«

»Na, dann plaudern Sie wenigstens ein wenig übers Theater – da gibt's das Art Theatre, das Empire Theatre, Miner's, die Follies[7], Loew's – erzählen Sie ihnen wenigstens etwas über das Bronx Opera House und wo es ist.«

Flo Ziegfeld mit den Follies

»Wo denn?« fragte ich.

»436 East 149th Street«, antwortete er.

»Diese Dinge bedeuten doch nichts«, sagte ich. »Die wahre Bronx hat mit Fakten nichts zu tun, wie das wahre Greenwich Village nichts mit Fakten zu tun hat. Sowieso, der einzige Grund, weshalb die Menschen bereit sind, in Städten zu leben, ist, daß man dort wenigstens von den Fakten loskommt.«

Er blickte besorgt. »Dann erzählen Sie ihnen von den Klubs – da hätten wir beispielsweise ...«

»Nein!«

»Na, dann über die Asyle und Heime.«

»Ebenfalls nein.«

»Heime für die Blinden, die Unversöhnlichen, für Menschen ohne Freunde, für Wahnsinnige, Ehrgeizige, Unheilbare, für Wütende.«

»Spotten Sie nicht«, sagte ich warnend.

»Tu ich gar nicht. Dann über die Banken; sie dürfen die Banken nicht übersehen.«

»Keine Banken.«

»Also dann müssen Sie wenigstens etwas über die Schulen schreiben – über die Hall of Fame[8].«

»Wie käme ich dazu? Erstere habe ich nie besucht, und in letztere komme ich nie hinein.«

»Das allerdings«, sagte er verachtungsvoll, »Sie wollen also rein persönlich an die Sache herangehen?«

»Ja, das will ich – das tut jeder, der gut schreibt.«

»Was ist denn mit den Klosterschulen? Wollen Sie die ganz übergehen?«

»Endlich«, erwiderte ich, »haben Sie etwas erwähnt, das für mich nahezu etwas Persönliches ist. Mit reinem Gewissen könnte ich über eine Klosterschule schreiben, eine, die sich auf einer leichten Anhöhe erhob – ein ziemlich grausiger Anblick – und in der ein hübsches Mädchen, ein rothaariges Geschöpf, erzogen wurde. Ach, wahrhaftig, sie war ein hübsches Ding. So rein, so weiß, so traurig. Sie hatte den betrübtesten Mund, den ich je gesehen habe, und dabei war sie zuweilen doch heiter. Doch immer wieder sehnte sie sich danach zu sterben. Manchmal dachte sie daran, Nonne zu werden. Einmal wollte sie davonlaufen, in den Westen, und die Braut eines Goldwäschers werden ... ›Weil die etwas von meiner Verzweiflung gebrauchen können‹, erklärte sie. Ach, ja«, fuhr ich fort, »über jene Schule der Bronx könnte ich endlos schreiben. Ich sehe sie vor mir, ein ganzes Stück von der Stelle entfernt, wo ich stand, als ich sie zum erstenmal anschaute. Ein paar Gestalten etwa von der Statur eines häufig gebrauchten Bleistifts liefen dort herum, und meine Freundin mit den schönen roten Haaren war nicht mehr da.«

»Wo war sie denn?« fragte er mit ehrfürchtiger Scheu.

»Verheiratet«, antwortete ich, »verheiratet, und man kann ihr fast bei jeder Messe begegnen, wenn sie gerade Pennies in den Kasten für die Armen wirft oder eine Kerze anzündet.«

»Haben Sie gesehen, wie die Mütter vor den Kaufhäusern ihre Babies in Verwahrung geben?« sagte er und wechselte das Thema.

»Ja«, antwortete ich, »doch bevor Sie darüber weitersprechen, möchte ich hinzufügen, daß sie Haare hatte wie ein Mordfall, Sie wissen, was ich meine – es ergoß sich übers ganze Kissen wie Blut, geradezu göttlich, wie ein Rossetti. Was wollten Sie gerade über die Babies sagen?«

»Früher waren – hier oben mehr Iren als jetzt.«

»Ah, die Iren«, schwärmte ich los, »was sind das für wunderbare Menschen. Wissen Sie, ich würde lieber nach Irland gehen als nach Paris.« Und dann fiel mir wieder ein, was eine alte Waschfrau einmal zu mir gesagt hatte: ›Stur, das waren die in der damaligen Zeit, haben weder nach rechts noch nach links geschaut, und die Hunde und die Pferde, die ihnen folgten, und dann die Tauben ...«

»Trotzdem gibt's immer noch Bauern«, antwortete er, »und Bauernzeitungen auch.«

»Und dann kommen sie zum Markt gefahren«, sagte ich nickend, »oh ja, ich kenne sie ganz genau. Wie meine Waschfrau immer sagte: ›Da kommen sie denn im Morgengrauen 'reingefahren, mit ihren hellen Kohlköpfen und ihren wippenden Zwiebelbunden, man gerade 'ne Stunde 'raus aus der gemütlichen Erde, und denn schon rumpeldipumpel und hopphopphopp auf die Straße, wo denn, die se essen, gar keine Ahnung von haben, wie das wohl schön war in der Erde und der Luft, ehe sie die man überhaupt probieren konnten, und die Männer, was die sich abrackern, und die Frauen, was die sich abplagen, und die Kinder, daß die man großwerden, um man immer mehr Gemüse für die Grundschlechten anzubringen.‹«

Wir waren fast wieder beim ›Hub‹ angelangt, und ich sagte, am besten sei es doch, jetzt eine Variétévorstellung zu besuchen – ›Sennet's‹, schlug ich vor.

Wir stießen eine grüne Tür auf und betraten ein leeres Entrée, und als wir eine andere Tür probierten, spähten wir ins Düstere, wo ein Kellner die Tische abstaubte.

»Das Variété?« erkundigte ich mich.

»Fragen Sie drüben – den Barmann«, antwortete er, und fuhr mit dem Staubwischen fort.

Wir betraten die Bar. Der Barmann schüttelte den weißhaarigen Kopf. »Um acht abends – nicht jetzt.«

»Kein Vier-Uhr-Tee?«

»Nein, Ma'am.«

»Sei's drum«, sagte ich, »dann überfallen wir eben meinen alten Freund, den Steinmetz!«

»Der ist nicht mehr da. Die haben da oben jetzt einen jungen Mann, der das Werk des Alten zum Spottpreis verkauft – Pech, hm?«

»Herrje, was ist denn aus dem alten Herrn geworden?«

»Er hat eine von Ihren irischen Frauen geheiratet und hat eine Farm.«

Wieder am Bahnhof, lief ich los, um meine Bahn noch zu kriegen, und rannte in eine Frau, die in einem Gedichtband las.

»Die Tage sind dahin, sind heitere Vergangenheit
Und eine Muße ohne rechte Zeit
Vertändelt ohne rechte Lust, füllt ihren Platz.«

NEW YORK TRIBUNE, 16. FEBRUAR 1919

SEE EUROPE IN BROOKLYN!

Dreitausend Meilen entfernt, an einem fremden Gestade, das uns in der Schriftsprache von Männern geschildert worden ist, die gingen und sahen und sehend schrieben; ausgemalt für uns von Träumern, die Vorstellungskraft mit Ölfarbe vereinigen; gehegt von uns als etwas, das es erst noch zu verwirklichen gilt – seinen Kummer, seinen Zauber, seine Heiterkeit, seine Farbenpracht, vereinigt mit der Pracht seiner Konturen, der Pracht kleiner Dinge und der Pracht großer – das ist das Land unseres Herzens. Wir fahren dorthin, wenn wir genug gespart haben, eines Tages, wenn die Teekannenspardose berstend voll ist, oder eines Tages, wenn unsere Onkel beschließen, sich im Äther eine Bleibe anzumieten, eines Tages, wenn wir erwachsen sind. Das ist das Land, das von Ereignissen wimmelt und das fruchtbar ist an Lauten des Erstaunens. Wir befinden uns selbst jetzt noch im Kindbett geistiger Erwartungsschauder.

Und dabei haben wir, wir Zuhausbleiber, doch Gelegenheit, uns das mal eben selbst anzusehen. Wie viele das wohl schon entdeckt haben? Wieviele wohl schon wissen, daß Europa in Brooklyn liegt?

Wallabout! Wallabout! Wallabout![9] Warum um Himmels willen habt ihr das denn nicht gemerkt? Hier könnt ihr den bunten Kilt sehen, der ein spatiges Pferd bedeckt, das Tamburin, das den Erlös einer Seele im Metall jener Seele empfängt – Musik, die einen Silberling oder eine Zwiebel aus den Zuhörern in den Läden herausholt.

Warum, ach warum, meine Füße, habt ihr den beißenden, allmächtigen Pfeffer, das Crescendo aufschreiender Erdnüsse auf dem Rost, das Getöne von Hökern und den Hintergrund müder, stumm in der Sonne käuender Pferde nicht gemieden?

Darüber präsidiert der Geist der Zeit, repräsentiert durch die Uhr am Marktplatz, im Turmhaus, worin der Marktschreiber über seinem Rech-

Wallabout Market, 1920

Fred's Lunch Room, Wallabout Market

nungsbuch sitzt und die Vierteldollars zusammenzählt, die er vom Bauern als Standmiete für seinen Platz in den Gängen des Platzes kassiert hat. Während die Uhrzeiger auf fünf zugehen, merkt man, daß die wenigen, die schon hellwach sind, erwartet werden. Zwischen der Uhr und dem angrenzenden Restaurant mit hohen Gläsern voll Spaghetti und zusammengequetschten braunen Feigen schwingt eine durchhängende, schlaffe Wäscheleine, die den Zapfenstreich gegen den blauen Himmel klatscht. Giuseppe ist nach ihrer Melodie aufgewachsen. Er hat gelernt, die Uhr und die Läden und die Straßen und die eigentliche Stadt nach dem Geruch zu erspüren, während er seine Bananen an den Mann bringt. Giuseppe ist davon durchtränkt, er weiß gar nicht mehr, daß schon seine Rockschöße sich Florida buchstabieren, daß sein fliegender Schlips und sein liederliches, ausgebeultes Hemd samt und sonders mit dem Flachs von Obst verwoben sind.

Das Leben verändert sich, doch Wallabout macht weiter, ungeheuer ruhig im Grau einer Wintermorgendämmerung. Die Nacht wird durchbohrt von einem keck aufragenden Schornstein, der mit gewaltigen, trägen Zügen raucht. Niedrige Schiffe purren im Hafen, und das nasse Segeltuch klatscht auf ein nasses Dock, und da ist die Gischt und der Reif und der Aufruhr der See. Dann verzieht sich die Dämmerung, und die Häuser werden Gebäude,

Brooklyn-Bridge, Pier 21

und die Fenster und Türen nehmen Formen an, und die Pflastersteine treten ins Leben. Langsam stehlen sich auf den vierzig Wegen der Bodenprodukte die Pferde herein: Karren, auf denen sich sattsam die Kohlköpfe und Rüben und Beeten türmen, und auf dem Bock, den Kopf auf der Brust, schlafen die Long-Island-Bauern, während sie unser Mittagessen heranschaffen.

Aus den Frachträumen der schwärzlichen Schiffe, die eben noch in der Morgendämmerung vor sich hingemurmelt haben, kommen die Importe, die Weintrauben, die Nüsse, die Feigen, herauf von den bergenden Decks, und werden von fluchenden Männern in offenen Hemden und erdfarbenen Hosen von Bord gehievt. So kommt unser Dessert herein.

Und dann müssen wir noch den ›Eintopf‹ besingen, der im Topf unseres ›kleinen Italien‹ brodelt, dem Suppentopf, der auf dem Kaminabsatz in jedwedem bescheidenen Heim leise vor sich hin kocht. Diesen lyrischen straßengeborenen Eintopf, zusammengeklaubt von Frauen in ungeheuer gebauschten Röcken und umhüllenden Schultertüchern, aufgepickt mit verstohlenem Blick, denn wenn es auch nicht verboten ist, so macht die Beschaffung ihn doch erst süß.

Um zwölf müssen die Karren vom Markt herunter sein, und die Abfallmänner und -frauen schaffen Platz für die Straßenfeger, die alles aufsammeln, was übersehen worden sein mag. Der Platz muß für die Abendvermietung gesäubert werden, bis die Sechs-Uhr-Frachten eintreffen. Der Zwischenhändler hat den Blumenkohl und die Bohnen und den Sellerie bereits abgefertigt. Er hat seinen Preis für die Fracht festgesetzt, wie sie liegt und steht, und bis 12 Uhr hat er bereits alles wieder an die Markthändler losgeschlagen. Er faltet die Hände und wartet müßig auf den nächsten Posten, und die Markthändler prüfen Waren und den Duft von Obst und rechnen Gewinn und Verlust aus und scheinen nie zu wissen, daß sie nur ein paar Schritt von einem soundsoviel Cent höheren Gewinn entfernt sind. Denn diese Long-Island-Bauern stehen nur um einen Häuserblock von ihrem Markt entfernt, und warten dennoch darauf, daß der Zwischenhändler als erster kauft.

Jedes Stück zerbrochene Kiste wird zu Kienholz zerkleinert und von den nacktbeinigen Jungen mit ihren Seifenkistenkarren weggeschafft. Jede Faßdaube und jeder Nagel und jedes Fetzchen Papier wird ebenfalls aufgeklaubt, und die plustrige Mutter steht dahinter und treibt mit kleinen, zischenden ausländischen Flüchen und drohendem Armeschwingen zur Eile.

Leben, Treiben, Farbe, Europa, Feilschen, Gewinn, Verlust, Wallabout, Wallabout, Wallabout, jemand, jedermann – irgend etwas gibt es hier, das gelernt werden soll. Keine Fahrt in fremdes Land ist vonnöten, wenn Atmosphäre das ist, was Sie wollen. Nicht nötig, sechs oder sieben Tage im Rumpf eines Schiffes zu ersticken, wenn Sie auf Akzent aus sind. Nicht nötig, das Geld in der Teekanne zu zählen, wenn Sie Bewegung und Musik suchen. Der Drehorgelmann mit seiner tamburinschlagenden Frau drängt sich durch die Menge und erhält das Metall der Seele, einen Silberling oder eine Zwiebel.

BROOKLYN DAILY EAGLE, 7. DEZEMBER 1913

DAS MÄDCHEN UND DER GORILLA

Nachdem Dinah, der Gorilla, im Frühling 1913 von Mitgliedern der New York Zoological Society gefangen worden war, blieb sie noch 18 Monate in Afrika. Man wollte sie an die Gefangenschaft gewöhnen, ehe man sie im Herbst 1914 in die Vereinigten Staaten brachte. Bis Weihnachten hatte Dinah zwar einen anderen Gorilla in Gefangenschaft überlebt, sie litt jedoch an Paralyse. Sie hörte allmählich zu fressen auf und starb im darauffolgenden August an Unterernährung.

Eine neue Spezies ist in die Stadt gekommen!

Wir dachten, wir kennten uns mit all den verschiedenen Arten von Weiblichkeit in der Welt aus, mit ihren Marotten, Moden und Manieren, ihren Tugenden und ihren Indiskretionen..., und da kommt nun auf einmal Dinah, das Buschmädchen.

Sie ist, rein äußerlich betrachtet, weder sehr weiblich noch sehr zerbrechlich. Sie trägt zwar das modische schulterlange Haar, doch weiter reicht die Ähnlichkeit dann auch nicht, wenn sie so vor uns steht, auf abgewinkelte Arme gestützt, der ganze Körper gespannt, und dabei aus weiter, weiter Ferne auf ein Leben blickt, das zivilisiert genannt wird.

So steht es um die Gorillafrau, die einzige lebende Gefangene ihrer Art.

Als ich von der Publikumsseite der Gitterstäbe zu ihr hineinblickte, sah ich nur etwas unbestimmtes Graues, einen zwischen die Schultern gesunkenen Kopf – ein Bündel unauslotbarer Regungen. Doch als ich, den Wärter Engelholm an der einen und Professor Robert L. Garner an der anderen Seite, den Käfig betrat, stand sie abrupt auf und bat mit ausgestreckter runzliger Glacéhauthand um etwas – um etwas zu essen. Ihr Appetit ist erstaunlich.

Wärter Engelholm war ein bißchen skeptisch, wie Dinah mich wohl empfangen würde, da ich die erste Frau war, die sich ihr auf Zärtlichkeits- oder Kampfdistanz näherte. Professor Garner schien jedoch zuversichtlich, daß Dinah irgend etwas, und sei es etwas noch so Geringfügiges, an mir finden würde, das ihre Billigung fände.

Sie kam mit hängenden Armen, die Hände zur Faust geschlossen, auf mich zugeschlendert, eine schiefe Masse von einem Körper, die das wenige Licht ausschloß, das der Käfig einließ, bis sie den Stuhl erreichte, den sie für sie hingestellt hatten.

Sie hat eine seltsame Art von Zurückhaltung an sich, wie sie in Empfangszimmern geübt wird, so einen kühl zustimmenden, unverwandten Blick, in dem weder Neid noch Bosheit liegt. Die Menge, die sich draußen vor ihrem Käfig versammelt, die sieht sie nicht, oder wenn sie sie sieht, so könnte es doch ebensogut eine Reihe Kohlköpfe sein. Anscheinend hat sie nichts gegen kirschrote oder schwarze Nähte an einem Paar Handschuhe.

Ich stellte fest – denn ich war gekommen, um sie zu erforschen –, daß das Großartigste und ungeheuer Befriedigende in Dinahs Leben sie selbst ist. Sie wollte lieber vor sich selbst gut dastehen als auf dem gesellschaftlichen Parkett.

Der Professor, der es doch wohl wissen sollte, erklärte mir, sie habe ihre eigene Art zu sprechen. Also sagte ich zu ihr: »Hör mal Dinah, zu welchen Schlußfolgerungen bist du denn in bezug auf unsere Vereinigten Staaten gelangt?«

Sie nahm ihre Knie in die Arme, und ihre Miene war dabei die einer langgeübten Nachdenklichkeit, wie sie dem Verfasser analytischer Romane unsägliches Vergnügen bereitet hätte. Während sie sich auf haarigen Unterschenkeln hin und her wiegte, fing sie an zu lachen – ein ungeheuerliches Lachen, das das virile Haar auf ihrer Brust aufstörte.

Ihr Geist war eine Leerstelle gutarrangierter Unwissenheit.

Drei Schritt von der neuesten Form von Weibtum in der Welt entfernt zu sein, flößte mir, nun – um es milde auszudrücken, Unbehagen ein.

Eine Weile machte sie sich nicht die Mühe zu antworten. Wenn man sie von oben betrachtet, ist sie nur ein kleiner grauer Fleck. Aus der Hocke betrachtet, ist sie eine eigenwillige kleine Hochbahnlok. Wenn es Ihre Würde erlaubt, sich mit ihr im Gesichterschneiden zu messen, werden Sie schon nach dem ersten Kreisen des höhnischen Mundes meilenweit hinterherhinken, denn, glauben Sie mir, Dinah verfügt über das perfekteste Sortiment hemmungsloser Scherze, wem immer sie sich auch gegenübersehen mag. Ihr Gesicht ist der Absprungbalken des Humors.

Nachdem ich ihr so gute zwanzig Minuten hinterhergekrochen war, setzte ich mich hin und ging mit mir zu Rate. Ich sagte mir: Nun wollen wir doch mal sehen, ob die Vorzüge der Zivilisation mich nicht nach allem doch befähigen, diese ziemlich einmalige Situation zu meistern.

Erneut drang ich in sie mit den Worten: »Also, Dinah, nun beantworte mir mal meine Frage. Was hältst du denn von unseren Vereinigten Staaten? Du bist doch schon einen Monat hier.«

Sie verharrte reglos, den Kopf schiefgelegt.

»Warte mal ...« Sie legte die Hand ans Ohr und bürstete sich ein Stück Sackleinen von der Schulter. (Ich interpretiere frei nach Professor Garners Regeln.) »Das erste, was wirklich meine Aufmerksamkeit erregt hat, war der Taxameter in dem Wagen, den Professor Garner genommen hat, um mich hierher in den Zoo zu bringen. Das Ding kletterte genau dreieinviertelmal schneller als ein Schimpanse, viermal schneller als ein gewöhnlicher Affe und sechsmal schneller als ein Gorilla. Es war mir zuwider, alles so außer Kontrolle geraten zu sehen.

Außerdem hat es mich doch ziemlich betrübt«, fuhr sie klagend fort, »beobachten zu müssen, daß die Sonne in New York keine Chance hat und der Mond nur eine Erinnerung an vergangene Tage ist. Ich konnte gar nicht feststellen, ob hier Tageslicht oder Elektrizität herrschte.«

Sie unternahm einen kleinen Ausflug durch den Käfig, wobei sie zwischen Engelholms Beinen hindurchtauchte. Dann verharrte sie abrupt und lächelte.

»Nur eins habe ich bis jetzt noch nicht ausprobiert.«

»Und was ist das?«

»Kaugummi! Phänomenal! Ich wüßte gern, was an dieser kleinen Leckerei das ist, das soviele Menschen unter ihren Hüten kreisen läßt. Doch hier im Zoo habe ich bis jetzt das seltsamste und zugleich lustigste Zeug zu essen bekommen, das mir je über den Horizont gegangen ist: Bananen, Orangen, Fleisch und vor allem Croissants.«

Gewiß ist da eine Buschfrau zu uns gekommen, die klein und wunderlich und grau ist, und Sie, die Sie in die Bronx hinauf-

The World Magazine, October 18, 1914 9

The GIRL and the GORILLA

Miss Barnes trying to solve the riddle of the simian.

Prof. Robert L. Garner.

inah, of the Bronx Zoo, a Weird Little Forty-five-pound Bunch of Femininity—Not Yet Full-Grown, but Converses Intelligently in Language of the Primates.

PROF ROBERT L. GARNER, monkey specialist and leading authority on the "primates," or higher apes, spent three years in African jungles, under commission of the New York Zoological Society, to secure the young female gorilla now

was making me feel—well, awkward, to say the least.

She did not trouble to answer, for awhile. Looking down at her, she was merely a little gray blur. Reviewing her upon her own level, she is a small wildcat elevated wrecking train. If your dignity permit competition in faces, you will be left three miles behind at the first loop of the jeering mouth; for,

believe me, Dinah has the most perfectly ordered se of unbalanced jokes on view of anybody in the worl Her face is the jumping-off place for humor.

Having crawled after her some twenty minutes, sat up and argued. I said to myself, now we will se if, after all, the advantages of civilization do not enab me to dominate this rather unique situation.

Once again I lit out upon her with "Now the Dinah, answer my question. What do you think our United States? You have been here a month."

She paused, her head poised sidewise.

"Let me see"—she cupped her hand about her and dusted a piece of lint from her shoulders. (I freely interpret according to Prof Garner's rules). "Th

Auszug aus dem New York World Magazine vom 18. Okt. 1914

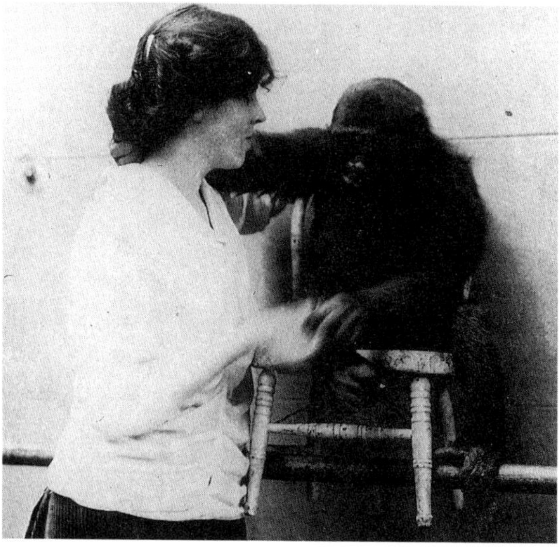

Djuna Barnes mit Dinah

fahren, um sie zu sehen, werden entdecken, daß sie etwas schrecklich Altes und zugleich doch nicht Altes an sich hat. Ihre Augen allein werden Ihnen das Gefühl geben, sich an etwas zu erinnern, das verlorengegangen ist. Sie wiegt weniger als fünfzig Pfund und mißt stehend etwa drei Fuß. Sie ist noch nicht ausgewachsen und wird mit der Zeit großwerden. Ich frage mich nur, ob ich sie dann immer noch so bereitwillig umarmen und mich im Gegenzug von ihr umarmen lassen werde wie jetzt.

Wenn sie die Arme um einen legt, fühlt sich das ein bißchen wie ein Gartenschlauch an. Es ist zugleich unpersönlich und herablassend und dabei doch ziemlich angenehm. Und als sie ihren Kopf auf meine Knie legte, war ich nicht peinlich berührt, sondern bloß erfreut, daß sie an mir als Repräsentantin der Frauen, unter die sie geraten war, etwas gefunden hatte, das ihr Zutrauen weckte.

Natürlich mußte sie dann alles dadurch verderben, daß sie sich mit ernster Miene eine Orangenschale auf den Kopf legte.

Gleichzeitig machte sie sich davon, Engelholm auf den Fersen, dem sie dabei despektierliche Gesichter schnitt – Gesichter, die so gemein und beziehungsreich waren, daß Engelholm sich von dieser gutmütigen Verachtung auf die Palme bringen ließ.

Draußen röhrte die Menge vor Vergnügen, während sie sich, mit starker Schlagseite unbeholfen davontorkelnd, außer Reichweite hielt und Engelholm bei jeder Runde ein kleines bißchen aufholte – Deutschlands mühsamer Sieg über Afrika.

Sie knurrte vielsagend, als er einen Satz machte und sie an den Nackenfalten zu fassen bekam. Unter den Augen der ganzen Zuschauermenge blieb er stehen, um sich die Stirn zu wischen, und hielt sie von sich weg wie ein Gepäckstück aus der Heimat.

»Sie ist so verdammt boshaft«, bemerkte er erhellend, während sie an ihrem Ohr herumspielte, »ein reizendes kleines Mädchen, wenn ihr danach ist, und dann so etwas von gemein ... gemein wie ...« Er suchte vergeblich nach irgend etwas, das Dinahs Seele und Persönlichkeit symbolisieren konnte.

Da ihm das nicht gelang, stand er nur und schüttelte den Kopf. Gerade eben war ihm aufgegangen, daß Kiplings Bemerkung über das Weibchen der Gattung selbst in diesem Falle stichhaltig war.

NEW YORK WORLD MAGAZINE, 18. OKTOBER 1914

Carrie Chapman Catt beim Weltkongreß in Genf, 1920

SIEBZIG GESCHULTE FRAUENRECHTLERINNEN AUF DIE STADT LOSGELASSEN

Als Präsidentin der National American Women Suffrage Association war Carrie Chapman Catt die bekannteste amerikanische Vorkämpferin des Frauenwahlrechts. Die gewaltsamen Taktiken, wie sie die militanten Frauenwahlrechtlerinnen unter der Führung der Pankhursts in Großbritannien anwandten, mißbilligte Carrie Chapman Catt und trat statt dessen nachdrücklich für die Arbeit innerhalb des Systems ein. Sie reiste im eigenen Land und im Ausland umher, um zu den in der Frauenwahlrechtsfrage engagierten Gruppen zu sprechen. Als sie ein zweiwöchiges Schulungsprogramm ankündigte, das den Wahlen von 1915 galt, bei denen eine Abstimmung über die Wahlrechtsfrage anstand, trugen sich 150 Frauen aus 17 Staaten in der Schule in der Madison Avenue 180 ein.

Nachdem die Verabschiedung des Zusatzartikels 19 den amerikanischen Frauen das Wahlrecht gebracht hatte, organisierte Carrie Chapman Catt die League of Women Voters. Den britischen Frauen war zwar zwei Jahre früher grundsätzlich das Wahlrecht gewährt worden, doch war dieser Fortschritt mit schweren persönlichen Opfern auf seiten der Frauen erkauft worden, und erst 1928 erhielten sie ein gleichwertiges Wahlrecht. Carrie Chapman Catt arbeitete später für die Friedensbewegung und starb im Jahre 1947.

Und jetzt kommt die Frauenwahlrechtsschule.

Auf wieviel Wegen hat man uns nicht Bildung und Ausbildung angedeihen lassen! In Grundschule, Oberschule, Handelsschule, Polytechnikum und College. Was haben wir nicht über Büchern und Landkarten gebrütet! Wir haben das Tageslicht durchgebracht und das mitternächtliche elektrische Licht verfeuert durch Jahre des Rackerns, in der Hoffnung, tüchtige Bürger zu werden.

Dann trat ein berühmter Professor auf den Plan, der erklärte, Bücher, klafterweise genossen, seien der menschlichen Bildung zuträglicher als sämtliche Colleges der Schöpfung. Wir dachten damals, das sei (im Hinblick auf die Bildung) der Weisheit letzter Schluß. Hier eröffnete sich die Chance, in ca. einem Jahr ein Salomon zu werden.

Und nun wird selbst dieser Rekord gebrochen, denn da tritt doch eine Frauenwahlrechtlerin auf den Plan, die eine Frauenwahlrechtsschule eröffnet und in zwei Wochen zur Präsidentschaft zu führen verspricht.

Man kann sehr optimistisch und dennoch nicht erpicht darauf sein, im Alter von – seien wir gnädig, sagen wir – dreißig wieder zur Schule zu gehen, und deshalb versuchte die Reporterin, die diesen Frauenwahlrechtskurs betreffenden Informationen telefonisch zu erhalten. Um die Wahrheit zu sagen, die Reporterin war nicht frei von der Befürchtung, daß der Präsidentinnenstuhl einer aufgenötigt werden könnte, die gerade nicht vorbereitet war.

Eine Stimme aus der East Thirty-seventh Street sagte: »Hallo?«

»Hallo«, bibberte die Reporterin.

»Hallo!«

»Hallo!«

»Hallo!«

»Sie sind eindeutig im Vorteil«, sagte die Reporterin ermattet und hängte auf.

Es mußte im Nahkampf vollbracht werden!

Unter siebzig oder achtzig Studentinnen müssen doch unweigerlich ein paar hochsinnige Lebenskonzepte anzutreffen sein. Tatsächlich sind die Schwellen vor manchem Sinn so hoch, daß einer das Hürdenlaufen erlernen muß, um in die dazugehörigen Gedankenstuben zu gelangen.

Hochsinnigkeit ist auch vonnöten, wenn eine binnen zweier kurzer Wochen das Geschick des Landes in die Hände gelegt bekommt, wenn eine binnen zweier kurzer Wochen das Wahlrecht von A bis Z erlernt – seinen Aufstieg und was die Frauenwahlrechtlerinnen seinen Fall nennen (der '53 eintrat, als zum erstenmal eine Frau am Wählen gehindert wurde); wenn eine tauglich sein soll, binnen zwei Wochen die Regierung und die Kontrolle über den Gang der Geschichte zu übernehmen – allerdings ist zu bedenken, daß Katastrophen sich grundsätzlich innerhalb eines geringen Zeitraums ereignen. Feuer überwältigte Rom, Pompeji wurde binnen einer Stunde schwarzer Krepp an der Türklinke der Zukunft, und in welch jämmerlich kurzer Zeit versank die ›Titanic‹ nicht in der Meerestiefe.

Mrs. Carrie Chapman Catt, die Instrukteurin in Sachen Frauenwahlrecht, hat ein edles Vertrauen in den Individualismus. Sie behauptet, um sein Publikum zu finden, müsse man sich zu allererst selbst finden. »Organisieren Sie sich selbst«, sagte sie, »und das Land wird sich ebenfalls organisieren.« Während sie sprach, bekamen um die siebzig Studentinnen das ›Studentinnengesicht‹, als sie sich über ihre Notizbücher beugten, von denen die sengende Wahrheit der Zukunftsgläubigkeit emporloderte.

»Wie sollen wir die Menge denn gewinnen?« wollte eine zaghafte Studentin wissen, die dreißig Jahre lang einen verstockten Gatten umgeben hatte.

»Das ist zwar die leichteste Frage von der Welt«, sagte die Vortragende, »doch läßt sie sich nur schwer beantworten. Eins kann man jedoch von vornherein sagen: Tragen Sie niemals ein Kleid, aus dem vorn die Füße herausschauen. Lassen Sie niemals zu, daß die Zuhörer den Eindruck zweier deutlich sich abhebender pedaler Extremitäten mitnehmen.

Zweitens, nehmen Sie niemals eine kämpferische Pose ein; kommen Sie Ihrem Publikum nicht mit einer geballten Faust, die als Teigwalker Dienst getan hat. Den Geist mögen sich die Leute ja vielleicht gern durchwalken lassen, nicht aber ihre Anatomie.

Drittens, tragen Sie nichts Getüpfeltes. Ja, ich spreche von Pünktchen, denn wenn Sie den Zuhörern ›blümerant‹ vorkommen, kann man gewiß sein, daß sie torkelnd in der Straßenmitte nach Hause gehen. Man kann sich an einem schwindelerregenden Kleiderstoff genauso berauschen wie über einer Pinte Twelve Star.

Viertens, tragen Sie weder Hut noch Handschuhe. Der Hut überschattet Ihr Gesicht, und die Handschuhe verhüllen Ihre Seele.«

»Doch was«, forschte eine andere besorgt, »was soll man dem Publikum denn überhaupt noch sagen? Über das Frauenwahlrecht ist doch bereits alles gesagt worden.«

»Von wegen«, erklärten Mrs. Catt und Miss Hay wie aus einem Munde. »Um das zu demonstrieren, kommen Sie doch einmal hier herüber, stellen Sie sich auf dies Podium und richten Sie sich, nun, sagen wir, an eine Zuhörerschaft aus der Fabrikwelt. Treten Sie vor!«

Zitternd und weiß im Gesicht trat das unglückliche Opfer aufs Podium. Niemals war Terra firma weniger firm gewesen, niemals hatten Sterne und Streifen solch breiten Raum in ihrem Kopf eingenommen. Niemals waren die Ideen zu solch geisterhafter Schlichtheit verblichen.

»Wir wollen das Stimmrecht ... weil wir nicht länger die haltsuchende Rebe sein wollen. Denn je fester die Rebe sich anklammert, desto toter ist die Eiche. Das Beste, was man tun kann, ist also, sein Gärtlein zu bestellen ... Oh mein Gott, wenn ich aufwachte und wäre tot, mir könnte nicht grauenhafter zumute sein als jetzt ... Herrje ...« Eine flinke Hand fährt zur Brust, und eine Herrscherin in spe huscht auf ihren Platz zurück.

»Sehr gut«, sagte Mrs. Catt beifällig, »doch, Studentinnen, wie würden Sie denn ihre Vortragsweise bewerten?«

»Einfach reizend«, sagten die Studentinnen.

»Das ist nicht die angemessene Antwort. Die Stimme richtete sich zu sehr ins Leere, sprechen Sie laut und deutlich, meine Liebe, und Sie gewinnen das Vertrauen der Zuhörer.«

Diese Frauenwahlrechtsschule hat jedoch nicht nur die Frage, wie man die Menge für sich einnimmt, auf dem Programm, sie hat auch ein paar Grundregeln für den Fall parat, daß die Menge bereits eingenommen worden ist. Das A und O des Frauenwahlrechtskatechismus ist folgendes:

Halte niemals eine Versammlung ab, und sei sie noch so klein, ohne eine Sammlung durchzuführen!

Dies wurde beherzigt, als die zaghaften Studentinnen sich in sämtlichen Parks von Brooklyn den ›Probereden‹ unterzogen; und wenn an manchen Stellen die vorgesehenen Sprecherinnen auch ausblieben, so kam dann doch ein Geistlicher aus dem Viertel, um das enttäuschte Publikum zu entschädigen, das niemanden zum Belächeln hatte.

Die Frauenwahlrechtlerinnen wollten es in der kurzen Zeit, die sie auf Schulung aus waren, ganz genau wissen. Da war erstens die tägliche Morgensitzung. Am Nachmittag fand Stimmschulung statt, und am Abend gab es Vorträge im McAlpin Hotel.

Mrs. Catt behauptete zwar, Männer seien bei diesen Vorträgen willkommen und würden auch zur Schule zugelassen. Doch schienen die Männer nicht dieser Ansicht zu sein. Jedenfalls legten sie eine bemerkenswerte Zurückhaltung an den Tag, denn während der ganzen zwei Wochen tauchte nur ein Mann am Horizont auf.

Auf die Frage, ob die Schule ihren Erwartungen entsprochen habe, schwieg Mrs. Catt eine Weile. Sie nahm das Silberhämmerchen in die Hand, mittels dessen sie goldenes Schweigen proklamiert hatte. Schließlich sagte sie zögernd: »Wir wissen nicht, was wir erwarten.«

Was also soll das Publikum erwarten? Man bedenke bitte, um die siebzig volltaugliche, beinhart geschulte Frauenwahlrechtlerinnen sind auf die Stadt losgelassen!

BROOKLYN DAILY EAGLE, 28. SEPTEMBER 1913

KENNEN SIE ZWANGSERNÄHRUNG?

Bei ihrem Bemühen, das Wahlrecht zu erlangen, begingen britische Frauen hundertfach Akte zivilen Ungehorsams. Als sie jedoch feststellen mußten, daß ihre Gefängnisaufenthalte kaum Auswirkungen auf die Regierungspolitik hatten, gingen sie während ihrer Haft zur Taktik des Hungerstreiks über. Viele wurden krank, und das Innenministerium, das den Häftlingen die Popularität des Märtyrertums nicht gönnen wollte, ordnete an, daß Hungerstreikende von Gefängnisbeamten zwangsernährt werden sollten.

Es ist schwer zu sagen, wie viele dieser Frauen an den Auswirkungen der Zwangsernährung starben, da sie ganz allgemein eine Verschlechterung des Gesundheitszustands bewirkte. Als Miss Lillian Lenton, die unter Anklage stand, das Teehaus in Kew Gardens niedergebrannt zu haben, sich eine Pleuritis und eine Lungenentzündung zuzog, führte ihr Arzt ihre Erkrankung unmittelbar auf die Zwangsernährung zurück. Als die Auswirkungen der Zwangsernährung ihre lebensrettende Absicht zu vereiteln begannen, verlegte die Regierung sich auf die Politik, geschwächte Gefangene zu entlassen, damit sie sich zu Hause erholen konnten, und sie dann erneut zu verhaften.

Die Methode der Zwangsernährung, wie sie in Großbritannien angewendet wurde, unterschied sich etwas von der, der sich Djuna Barnes freiwillig unterzog und die sie hier schildert. In Großbritannien wurde ein stählernes Mundstück verwendet, mit dessen Hilfe man einen Schlauch zwischen den Zähnen einführen konnte; auf diese Weise beschädigte man Zähne und Kiefer ebenso wie die Gurgel. Manche Frauen, die dieser Tortur nicht lange standzuhalten vermochten, aßen das übliche Essen und liefen dann bis zur Erschöpfung in der Zelle auf und ab oder warfen sich gegen die Zellenwände, bis sie das Bewußtsein verloren.

Ich bin zwangsernährt worden!

In welchem Verhältnis zu den anderen Erfahrungen meines Lebens diese steht? Für mich war sie ein Experiment. Sie war nur in meiner Einbildung tragisch. Doch war sie mit Empfindungen verbunden, die schmerzhaft genug waren, um Verständnis für bestimmte Phänomene unserer Tage abzunötigen.

Der Saal, durch den sie mich führten, war lang und schwach beleuchtet. Ich konnte den Arzt vor mir hergehen hören, der so ging, wie alle Ärzte gehen, mit jenem zuversichtlichen kurzen Schritt, wie ihn Pferde haben müssen, die von einer Beerdigung zurückkehren. Das ist kein trauriger oder kummervoller Schritt; vielleicht deutet er unterdrückte Genugtuung an.

Hin und wieder wandte einer der vier Männer, die folgten, den Kopf und sah mich an; eine Frau an der Treppe starrte verwundert – oder war es verächtlich? –, als ich vorbeikam.

Sie brachten mich in ein großes Zimmer. Ein Tisch funkelte vor mir. Für mein Gefühl war er befrachtet mit kommenden Qualen – das war der Tisch, auf den ich mich legen mußte.

Der Arzt öffnete seine Tasche und nahm einen schweren weißen Mantel heraus, eine kleine weiße Kappe, ein Laken und legte alles zusammen auf den Tisch.

Draußen tönte, zusammenhängend und dann doch wieder nicht, schwach ein tiefes, einförmiges Summen über die Stadt hinweg – das Lied von einer Million Maschinen, die ihr Scherflein zum universalen Ganzen beitrugen. Und dies Murmeln war vital und verwirrend, denn das, was mir bevorstand, kannte kein Lied.

Ich werde es strikt professionell handhaben, versicherte ich mir selbst. Falls es eine Höllenstrafe sein sollte, dann doch eine, die meinem Geschlecht heutzutage vertraut ist; andere Frauen haben sie in der Wirklichkeit durchlitten. Ich werde doch noch soviel Mumm haben wie meine englischen Schwestern? Ich beruhigte mich. Das dachte ich jedenfalls, und ich erblickte mein Gesicht im Spiegel. Es war ganz weiß, und ich schluckte krampfhaft.

Und dann wußte ich, meine Seele stand entsetzt vor einem Stück rotem Gummischlauch.

Der Arzt sagte: »Helfen Sie ihr auf den Tisch.«

Er knotete sich dünne, gedrehte Schnüre um den Arm; er testete seine Instrumente. Er nahm das herunterhängende Ende des Lakens und begann, mich zu fesseln: er wickelte es mehrfach um mich herum, wobei meine Arme fest an beide Seiten gepreßt waren, wickelte es mir bis hinauf an die Kehle, so daß ich mich nicht bewegen konnte. Ich lag ausgestreckt wie ein Leichnam – gleichförmige, festumrissene Linien, die weiter reichten, als ich zu sehen vermochte, denn ich sah nur das Licht des Himmels. Meine Blicke wanderten, Ausgestoßene in einer Welt, die sie kannten.

Es war der gedrängteste Augenblick meines Lebens.

Drei der Männer traten zu mir. Der vierte stand ein Stück entfernt und blickte auf die langsam vorwärtskriechenden Zeiger einer Armbanduhr. Die drei hielten mich fest, nicht grob, aber ohne jegliches Mitgefühl, der eine am

Djuna Barnes bei der Zwangsernährung, 1914

Kopf, der zweite an den Füßen, und der dritte reckte sich über mich und hielt meine Hände nieder.

Sämtliche Probleme des Lebens waren nun auf einen einzigen schlichten Akt reduziert – zu schlucken oder zu ersticken. Während ich in passiver Auflehnung dalag, ging mir ein komischer Gedanke durch meinen heimgesuchten Kopf: Dies hier ist jedenfalls mal ein Bild, das niemals Eingang ins Familienalbum finden wird.

Ach, diese lächerliche Bangigkeit! – ich redete mir beruhigend zu. Doch wie besessen man von seinen Vorstellungen sein kann! Es ist die Wahrheit, daß die Lichter der Fenster – Weichbilder einer Stadt –, die Wände, die Männer sämtlich zu einer großen Leere verloschen, als der Arzt sich niederbeugte. Dann zerbarst die Dunkelheit plötzlich zu einem Lichtspritzer, als er die Glühbirne vor meinem Gesicht auf und ab und hin und her führte und dazwischen halt machte und meinen Hals untersuchte, um sicherzugehen, daß ich keinerlei Probleme mit dem Schlucken hatte.

Er sprühte beide Nasenlöcher mit einer Mischung aus Kokain und Desinfektionsmittel ein. Als sie meine Kehle erreichte, brannte und brannte es.

Bei dieser Pilgerschaft war kein Fortkommen. Jetzt fügte ich mich drein. Ich war im Tal, und mir schien, ich läge schon Jahre und beobachtete den Krug, als er sich in der Hand des Arztes hob und schwebend verharrte, eine teuflische, inhumane Drohung. Darin war die flüssige Nahrung, die ich bekommen sollte. Es war Milch, doch ich konnte nicht feststellen, was es war, denn alle Dinge sind gleich, wenn sie den Magen durch einen Gummischlauch erreichen.

Er hatte den roten Schlauch mit dem Trichter am Ende durch die Nase in die Passage der Kehle eingeführt. Es ist gänzlich unmöglich zu schildern, welche Angst das erregt.

Abbildungen aus dem New York Wold Magazine vom 6. Sept. 1914

Die Hände über meinem Kopf schlossen sich wie ein Schraubstock, und wie antwortende Schraubstöcke wurden die Hände an meinen Hüften und an meinen Füßen starr und stramm.

Unerwünschte Visionen absonderlicher, grauenhafter Dinge tanzten wie verrückt durch mein Hirn. Der abscheuliche Gedanke plagte mich, von den Tentakeln irgendeines monströsen Teufelsfisches in den Tiefen eines tropischen Meeres gepackt zu sein, während die Flüssigkeit sich langsam durch ungezählte, endlose Kanäle ihren Weg ertastete, die meine Nase, meine Ohren, die inneren Windungen meines pochenden Kopfes zu durchschneiden schienen. Nie gespürte Nerven sandten zuckende Schmerzwellen aus, die den Bereich meines Gesichts und meiner Brust erschütterten. Sie ätzten an meiner Wirbelsäule entlang. Sie versetzten mein Herz in katapultische Auf- und Abbewegungen.

Ein Augenblick von der Dauer einer Stunde, und die Flüssigkeit hatte meine Kehle erreicht. Sie war eiskalt, und ein ebenso kalter Schweiß brach auf meiner Stirn aus.

Immer noch keilte mein Herz aus mit der unregelmäßigen, sinnlosen Bewegung, wie sie vom Spiegel reflektiertes Sonnenlicht an eine Wand wirft. Ein dumpfer Schmerz machte sich bemerkbar und verbreitete sich von den Schultern in den ganzen Bereich des Rückens und durch die Brust.

Meine Magengrube war schon längst zusammengesunken, hatte sich zu absoluter Leere aufgelöst. Die Dinge um mich herum begannen, sich lethargisch zu bewegen; das elektrische Licht links von mir machte ein, zwei schwere Schritte auf die Uhr zu, die ihm mit schleichender Langsamkeit entgegenkam. Die Fenster konnten nicht ruhig bleiben. Auch ich löste mich los und bewegte mich in dem Maße, wie das Zimmer es tat. Die Augen des Arztes waren immer genau vor mir. Und da wurde mir klar, daß ich gleich ohnmächtig werden würde. Ich wehrte mich gegen die Kapitulation. Es war die flüchtige Auflehnung des Alptraums. Meine absolute Hilflosigkeit war eine Qual. Ich war mir nur meines Kopfes, meiner Füße und der Stelle in Hüftnähe bewußt, wo jemand mich festhielt.

Immer noch sickerte die Flüssigkeit unaufhaltsam durch den Schlauch in meine Kehle hinab. Jeder Tropfen schien ein Viertelliter zu sein, und jeder Viertelliter glitt vorbei und dann hinein ins All. Ich war zu einem bloßen physischen Mechanismus geworden, ohne die Macht, der Schmach, die meinem Willen angetan wurde, entgegenzutreten oder mich auch nur zu empören.

Der Geist wurde von der körperlichen Schwäche im Stich gelassen. Und da ist er – der empörte Wille. Wenn ich schon, beim bloßen So-tun-als-ob, mein ganzes Inneres vor Auflehnung gegen diese brutale Knechtung meiner eigenen Funktionen glühen fühlte, wie müssen nicht erst sie, die diese Marter wirklich in ihrem nacktesten Grauen durchlitten, bei dieser Vergewaltigung der Heiligtümer ihrer Seele geglüht haben!

In meiner Hysterie hatte ich die Vision von hundert Frauen in garstigen Gefängniskrankenhäusern, gebunden und in Leichentücher gewickelt, auf Tischen gerade so wie diesem, niedergehalten vom unsanften Griff gefühlloser Wärter, während weißgewandete Ärzte ihnen Gummischläuche in die zarten Windungen ihrer Nasenlöcher stießen, um ihren hilflosen Leibern den kruden Nährstoff gewaltsam einzutrichtern, der das Leben erhalten sollte, das sie sich zu opfern sehnten.

Die Wissenschaft hatte uns also endlich des Rechts zu sterben beraubt.

Immer noch sickerte die Flüssigkeit unaufhaltsam durch den Schlauch in meine Kehle.

War mein Körper so untüchtig, fragte ich mich, um auf jeden weiteren Kampf zu verzichten? War der Wille so ohnmächtig, daß es ihm nicht zu Gebote stand, jenen engen Durchlaß zum Lebensreservoir zu sperren, so daß der verhaßte Zufluß gedämmt wurde? Der Gedanke funkte einen trotzigen Befehl in Richtung der untätigen Muskeln. Sie packten meine Gurgel mit würgenden Fesseln. Rätselhafte Schauder ließen meinen Körper erbeben.

»Passen Sie auf – sonst ersticken Sie!«, rief der Arzt mir ins Ohr.

Man konnte also immerhin noch ersticken. Zumindest, wenn die Nerven einen nicht im Stich ließen.

Und wenn man darauf bestand zu ersticken – was dann? Würden sie – die rohen Wärter und dienstbeflissenen Ärzte – ungerührt fortfahren, selbst wenn ein grausamer Tod zum Greifen nah war?

Was für ein Paradox: Jene weißen Kittel, die im Dienst der Lebensverlängerung angelegt worden waren, wären dann nichts anderes mehr als Leichentücher, die leinene Hülle, die das aufbegehrende Opfer einzwängte, ein Totenhemd.

Grenzen müssen doch wohl auch der Dienstbeflissenheit jener gesetzt sein, die streng über der Einhaltung des Gesetzes wachen. Wenigstens habe ich noch niemals von einer Militanten gehört, die durch den Erstickungstod in die Ewigkeit einging.

Es war vorbei. Ich stand auf und schwankte im wiederkehrenden Licht. Ich hatte die ungeheuerlichste Erfahrung der Kühnsten meines Geschlechts geteilt. Die Pein und die Schmach dieser Erfahrung brannten in meiner Seele. Eine trostlose, gestaltlose, wortlose Wut stieg mir die Kehle empor, doch ich lächelte nur. Der Arzt hatte das Tuch wieder vom Gesicht genommen. Der rote Schnurrbart war zu einer Linie freundlichen Verständnisses verzogen. Er hatte alles vergessen, bis auf das Spiel. Die vier Männer, die ihre untergeordneten Rollen in einer untergeordneten Tragödie zu Ende gespielt hatten, verließen bereits einer nach dem anderen das Zimmer.

»Gibt es denn keine andere Möglichkeit, einen Menschen zu fesseln?«, fragte ich, »so ist das ja wie …«

»Ja, ich weiß«, sagte er freundlich.

NEW YORK WORLD MAGAZINE, 6. SEPTEMBER 1914

EIN BESUCH IN DER LIEBLINGSHÖHLE DER IWWler

Die ›Industrial Workers of the World‹, eine im Jahre 1905 gegründete revolutionäre Vereinigung von dreiundvierzig Gewerkschaftsorganisationen, zog auf dem Weg zu ihrem Ziel die direkte Aktion der Schlichtung und der Tarifverhandlung vor. Ihre Mitglieder, ›Wobblies‹ genannt, waren zahlreich und ungeschult; ihre Vereinigung war betont polemisch und initiierte in den Jahren vor dem Ersten Weltkrieg eine Vielzahl von gewalttätigen Gewerkschaftsaktionen. Der Krieg lieferte der Regierung den Vorwand für ihre Abschaffung, die sie dadurch bewerkstelligte, daß sie die Führer der ›Wobblies‹ ins Gefängnis steckte. Unter ihnen war auch Eugene Debs, der später an der Gründung der Socialist Party beteiligt war.

Es gibt zwei Klassen von Menschen: diejenigen, die Mützen und Abzeichen tragen, und diejenigen, die Hüte und Spazierstöcke tragen.

Es gibt zwei Arten von Reform: diejenige, die sich oberhalb des Kragens vollzieht, und diejenige, die unterhalb stattfindet.

Ebenso gibt es zwei Typen von Resignation: diejenige, die auf den Knien erworben, und diejenige, die mittels Faust erworben wird.

Gott hat sich an beide Arten gewöhnt – an diejenige des Mittelstands, die aus einer konvexen Zweideutigkeit besteht, und an diejenige des Proletariats, die aus der geballten Faust besteht. Beide Demonstrationen berühren Ihn, doch ihre Auswirkungen auf die Gesellschaft stehen auf einem anderen Blatt.

Jede Revolte hat eine Farbe; die Revolte des Geistes ist genauso gefärbt wie die Revolte des Leibes und die Revolte der Seele. Die Farbe ist Rot. Wo einer auf diese Farbe stößt, trifft er auf die Nabe der Verzweiflung.

Ein Mann, der das, was ihn bewegt, von einer Seifenkiste predigt, befindet sich auf einem Thron; ein König, der von einem Thron spricht, den er als Täuschung empfindet, spricht virtuell von einer Seifenkiste.

Daher auch die Resignation des Mannes, der neulich auf einer IWW-Versammlung sagte: »Das ist der Weg, der in der Vergangenheit begangen worden ist, doch das ist nicht der Weg, der in Zukunft begangen werden wird.«

Wenn einer über Farbe und Beschaffenheit der Erdkrume Bescheid wissen will, dann holt er sich keine Leiter, er holt sich eine Schaufel. Wenn einer Bekanntschaft mit der Beschaffenheit des universalen Geistes machen möchte, dann geht er nicht nach Boston; er geht in die Bowery.

Verzweiflung verrät sich in Epigrammen; wenn einer bauen möchte, beginnt er zu sammeln. Der Bowery-Junge sammelt Bilder, die seinen Geist ausdrücken, Zeitungsausschnitte, die sein Herz ausdrücken, und Redensarten, die seine Bildung ausdrücken.

An den Wänden des Saales in 64 East Fourth Street sieht man folgendes: »Wenn der Krieg die Hölle ist, dann soll der Kapitalist doch zur Hölle gehen und selbst dort kämpfen.« »Warum soll ein Mann einen leeren Magen haben, wenn zehn Männer doch genug produzieren können, um einhundert zu ernähren?«

Die Gewißheit bringt stets Fragen hervor, die Ungewißheit Feststellungen. Das ist ein Akt ausgleichender Gerechtigkeit seitens der Natur.

»Und nun«, sagt der Mann mit der Talgstulle zu fünfzig Cent, aber einem Tiffany-Inneren, »was stimmt denn nicht?«

Wenn ein Mann sich Gott verschreibt, verschreibt er sich einer inneren Überzeugung; wenn ein Mann sich der Revolte verschreibt, dann verschreibt er sich einer Überzeugung, die die Gastritis ihm aufgenötigt hat. Aus den trägen Gefilden der Verdauungsbeschwerden schoß der Torpedo der Überzeugung. Die stärkste aller gleichmachenden Kräfte ist der Magen. Die Magenverstimmung ist das Brechmittel, das Befreiung bringt.

Diese Männer, diese IWWler haben Hunger gelitten. Angesichts des leeren Inneren verfielen sie darauf, die Tür zu schließen.

Was liegt denn hinter ihr? Sie sagen: »Das Tor zur Fülle.«

Und mit welcher Methode gelangt man dorthin? Sie sagen: »Nicht mit einem Schlüssel, sondern mit einer Faust.«

Ein Junge bindet einem Hund aus demselben Grund eine Blechbüchse an den Schwanz, aus dem ein Mann einem Kapitalisten eine Konsequenz dranbindet – um ihm Angst einzujagen, denn die Büchse lärmt proportional zur Geschwindigkeit, mit der er akkumuliert.

Wenn man in diesen Saal tritt, hat man keine Illusionen. Er ist so direkt wie eine angemalte Frau. An den Fenstern sind Eisenstäbe, auf dem Boden liegt nichts als Versammlungsstaub. Dieser Staub ist für die Agitation so notwendig wie Wasser für Jennings Bryan, wenn er auf der Plattform steht. Die Bänke sind aus Holz, hart, unnachgiebig. Man sitzt auf dem Handteller der Arbeiterschaft.

Es stehen keine obszönen Witze an die Wände geschmiert, denn diese Männer mögen ja vulgär sein in ihren Schlafzimmern und ihren Küchen, in ihrem Ratssaal wissen sie sich zu benehmen.

Alexander Berkmann während einer Kundgebung der IWW auf dem Union Square

An den Wänden findet sich jenes buntgemischte, polyglotte Gepinsel der Paragraphen, Bilder und Epigramme, die ich bereits erwähnt habe. Die Leute haben gesammelt, und sie haben gespart.

Der niedrige Kragen ist da, und die Overalls sind da – und wenn ihre Methoden auch grobschlächtig und ihre Gesten wild und ihre Farben schreiend sind, so erinnert man sich doch, daß ihre Wunden ebenfalls schreiend sind.

Am einen Ende des Raumes, nahe der Tür, steht ein großer, runder Kanonenofen. Ich bin fest davon überzeugt, daß die meisten unserer Probleme, von den Affairen von Mirandy Ann oben in Wyandanch bis zu den Gewerkschaftsproblemen, seit Anbeginn der Welt um solche Öfen herum ausgeheckt worden sind. Zwar stimmt es, daß so mancher Ehrgeiz von der Ofenhitze in Schlummer gewiegt, so manche Entschlossenheit dadurch in den schlafschweren Windschutz der Träume getaucht worden ist, daß einer die Fußsohle auf den eisernen Ring gesetzt hat, der die Mitte der Wärmequelle umgürtet wie der Halo Saturn – doch werden immer noch Gedanken, wie Küken, zuweilen durch nachhaltig angewendete Wärme ausgebrütet.

Am vorderen Ende des Raumes ist eine provisorische Plattform errichtet worden. Man hat ein Paar Doppeltüren zusammengenagelt und darüber einen Meter schmutzigen Stoff drapiert. Obenauf ein kleines rotes Pult und darauf wiederum ein klobiger, anmaßender, beinah brutaler Auktionshammer.

Bemerkenswert ist das Fehlen von Zigaretten- und Pfeifenrauch. Ebenso auffällig das Fehlen von Gekicher.

Ich habe bei diesen Versammlungen dort nur ein Mädchen gesehen. Und die war nicht so sehr Zuhörerin wie Fragezeichen. Sie hatte diese flachen Hüften, diese langen, schlanken Arme, diese unbestimmten Knie und dies zugeknöpfte Gesicht, das man auf der zweiten Treppenstufe nahezu sämtlicher Gebäude unterhalb des Washington Square findet.

Sie war am Horizont welcher Familie auch immer, die sie da repräsentierte, unversehens als Fragezeichen aufgetaucht, und wo immer sie auch hingehen mochte, bot sie wahrscheinlich dieselbe Fassade der Selbstversunkenheit, einen Ausdruck entsetzlicher Verwunderung, für die jeder Schock etwas längst Vergangenes war.

Sie legte ihr mageres Kinn auf die Rückenlehne der Bank vor ihr.

Dieser Mann strömte eine Art sachlicher Freundlichkeit aus – die Art, die ihn aus der Versammlung heraushob wie einen Abschnitt aus einer Biographie. Seine Hosen saßen schlecht, seine Füße strebten einwärts, Schlips und Kragen waren gewerkschaftlich gelockert. Alles zusammen bot dem Auge ein erschlafftes Äußeres, wie es sich nur durch eins bewirken läßt: durch die Anspannung und das Spiel der Halsmuskeln. Sein Haar war ungekämmt, sein Gesicht sparsam gewaschen, sein Wasserverbrauch schien, wie bei so vielen anderen auch, knapp bis hinter die Ohren zu reichen. Sein Wortschatz war riesig, doch beschädigt, seine ›Bildung‹ – etwas, dessen sich unter IWWlern sehr gerühmt wird – war groß, aber zersplittert; er sprach in Sätzen, die fast poetisch waren in ihrer Verarmung, fast subtil in ihrer Mißbildung.

Er riß den Hammer empor – krachend fiel er nieder. Er hämmerte jede lasche Seele in gespannte Aufmerksamkeit hinein – zumindest war das seine vermeintliche Mission. Doch es gelang ihm nicht, sie zu erfüllen – jeder von ihnen saß so ungerührt und unbeeindruckt wie eine Herde dumpfen Viehs, doch alle schauten sie zu.

Sie sangen sich eins, und das war ebenso an die Dachsparren gerichtet wie an diejenigen Zuhörer, die sich der Mühe des Zuhörens unterzogen. Sie schienen aus kleinen roten IWW-Gesangbüchern abzulesen, doch in Wirklichkeit kannten sie die Lieder alle auswendig. Ein Mann hinter mir improvisierte in den Pausen sogar ätzende Bemerkungen.

Individuen werden gefährlich, wenn sie in Paragraphen eingeteilt werden; hier haben wir Oscar Wilde in Gestalt einer Bombe: »Es ist leichter zu betteln als zu stehlen, doch es ist edler zu stehlen als zu betteln.« Auf allen Seiten rechtfertigen die Notizen brillanter Köpfe deren unwillkürliche Regungen.

Und dann entzündete sich eine jener Auseinandersetzungen, die mit ebensolcher Gewißheit durch die Grasnarbe des menschlichen Verkehrs stechen wie die Pilze bei feuchtem Wetter durchs Gras der Weide.

»Was«, fragte einer von ihnen, »soll denn das für einen Sinn haben, daß man den ganzen Winter über organisiert ist, bloß um im Sommer abzuhauen und dann ganz schlichte, gewöhnliche Tippelbrüder zu sein? Was haben denn Freiluftveranstaltungen für einen Sinn, wenn man dann doch wieder nur 1. Klasse Güterwagen weiterzockelt, wo es doch gerade darum geht, daß wir ein Recht darauf haben, anständig zu reisen? Ihr wißt schon, was ihr tun müßtet, doch ich muß es ewig wiederholen – bleibt beieinander, bleibt in der Stadt, laßt Manhattan das ganze Jahr was von uns haben! Überfallt die Restaurants in Kommandos von fünfzig Leuten, nicht einzeln. Dann können sie euch alle auf einmal verhaften. Zum Donnerwetter nochmal, tretet nicht als Einzelne auf, sondern unverschämt!«

Es ist nun nicht so, daß wir speziell etwas gegen Landstreicher hätten – um beim Thema zu bleiben; sie sind dekorativ, schlicht, leicht zu haben. Dummheit ist die Silhouette geistiger Brillanz. Solche Männer sind der Schatten, durch den wir des Lichts teilhaftig werden. Das ist also nicht unser Einwand – wir bestehen bloß darauf, daß sie professionelle Landstreicher sein sollen, anerkannt und stolz auf diese Tatsache und gewillt oder vielmehr hartnäckig entschlossen, in jenem Verein zu verbleiben. Wir haben etwas dagegen, daß sie sich in die andere Organisation einschleichen – die IWW, die ein gänzlich anderer Verein ist.

Ein Redner sagt: »Es gibt überhaupt keine Landstreicher in der Organisation – weshalb versucht Ihr also, Fälscher eines Ideals auszumachen, und gebt damit zu, daß es welche gibt?«

Na schön, dann tun wir das also nicht, doch es sieht ganz danach aus.

Ein kleiner blonder Mann, vielleicht nicht älter als, sagen wir, einundzwanzig, erhebt sich in dem Augenblick, als der Saal genügend eingelullt ist, um allem zuzustimmen. Ein langer, grauer altmodischer Umhang hängt von seinem langen, dünnen Hals herab, fällt ihm bis zur Gürtellinie, wo er durch in den Hosentaschen steckende Hände zurückgedrängt wird und ihm dann bis auf die Füße hinabschleppt. Das blonde Haar ist sehr blond und um ebensoviel zu lang für seinen Kopf wie der Umhang für seinen Körper. Und seine Überzeugungen scheinen um ebensoviel zu großartig für seine Seele. Das Haar jedoch ist das, was den Mann gemacht hat. Es fällt ihm über die Augen wie die erschlafften Schwingen eines ausgebleichten Adlers.

Er spricht:

»Da ist was nicht richtig, wenn ein Mann so weit unten ist, daß er lieber bettelt als nimmt, wenn er sich lieber an die Straus-Wasserwaggons hält und in Asylen übernachtet. Wir hier haben doch den Vorteil, organisierte Iih-Weh-Weh-ler zu sein, und sind auf Almosen nicht angewiesen, sondern wissen genau, wie wir vorzugehen haben – und wenn man sich dann vorstellt, daß so ein Bockmist dabei rauskommt, dann reicht das schon aus, daß einem Kerl sämtliche Überzeugungen vergehen, wenn er zwei und zwei zusammenzählt. Herr Vorsitzender und liebe Brüder, Genossen, ich sage euch, wo da was faul ist! In uns selbst – in uns Iiih-Weh-Weh-lern! Die meisten von uns sind bloß zu faul, verdammtnochmal, wenn sie einen Job angeboten kriegen. Immer hübsch am warmen Ofen hockenbleiben, das ist die ganze Philosophie. ›Wieso soll ich denn arbeiten‹, sagt er, ›wenn ich hier hocken und es warm haben kann? Für Futter ist gesorgt, die Beine haben die vorgeschriebenen 37 Grad plus, und ich muß mich nicht aufregen.‹ Warum zum Teufel nochmal schert der sich nicht zum Teufel?«

Diese Frage wird nicht mit Ingrimm gestellt, sie wird traurig gestellt. Da spricht nicht die Aggression, sondern die Depression. Er hat das Gefühl, doch zumindest eine Westentaschenausgabe des Großen Einzigartigen zu sein.

Von irgendwoher beugt sich jemand aus luftiger Höhe herab und fragt im Soufflierton: »Genosse, hast du denn die Arbeit angenommen, die Mrs. O'Hennesy dir letzten Samstag angeboten hat?«

Das blonde Haar senkt sich noch verächtlicher über die geduldigen Augen. »Nein, Genosse«, antwortet er, »ich empfand das Angebot als Verrat an der Sache – ich bin kein Streikbrecher.«

Er läßt sein Kinn die Brust finden. In seinen Augen herrscht drangvolle Enge, wo glühende Überzeugung und organisierte Betrübnis einander auf den Füßen stehen. Ein zustimmendes Wabern durchläuft den Raum. Ein Mann im Hintergrund, den Kopf in die Hände gelegt, nickt langsam; vielleicht ist es der Schlaf, vielleicht die Zustimmung, vielleicht keins von beiden.

»Wißt ihr«, sagt er, »die nennen das jetzt nicht mehr schiefe Bahn, sondern das ist jetzt der Weg, den unser Charakter uns vorzeichnet!«

Und so finden denn Gesellschaft und Gesellschaften immer noch den Seriösen und den Fälscher, den Visionär und, traurig festzustellen, die Vision. Das Remedium und den Rest.

Werden wir an diesen Sommermorgen, die alsbald auf kühlen Beinen mit heißen Schultern über uns kommen werden, infolgedessen womöglich nicht nur Mr. Soundso aus Soundso mit seinem dunkelgefaßten Monokel unsere Straße entlangpromenieren sehen, sondern auch jene anderen? Die mit den Mützen und Abzeichen und die mit den Hüten und Spazierstöcken? Denn mit uns sind in diesem Frühling und in diesem Sommer auch solche, die zu den Anwesenden zählen, und in vorderster Front dieser Prozession, da bin ich mir sicher, werden wir diesen kleinen blonden Mann sehen, der, die Hände in den Taschen, seine Glaubenssätze hinausstampfen wird, während seine Mantelzipfel um eine Ecke zwischen Forties und Fifties wehen werden.

NEW YORK PRESS, 11. APRIL 1915

DER HEIMKLUB: NUR FÜR DIENSTMÄDCHEN

Vielleicht gibt es ja nichts Neues unter der Sonne, aber dies Neue handelt von einem Klub, der im Äther ankert und im Leuchten der Milchstraße ertrunken ist. Es mag ja nichts Neues unter der Sonne geben, aber manche Menschen verstehen sich darauf, Sternenstaub in Fahrt zu bringen und unserem Planeten Perspektive zu verleihen. Nicht das unter der Sonne zählt, sondern das unter der Haut, und das, tja ...

Mrs. Ransom S. Hooker hat eine Reling um die Behaglichkeit gezogen und sie gänzlich auf ihrer Seite des Zauns untergebracht. Sie hat einen Klub eröffnet, der ›Heimklub‹ heißt, Anschrift: 203 East Seventy-second Street, »nur für Dienstmädchen«.

Wir wissen nicht recht, was darunter einmal zu verstehen sein wird. Gegenwärtig bedeutet es ein Empfangszimmer, zu dem Freunde Zutritt haben, ein Speisezimmer für Mitglieder und Schlafmöglichkeit für einige wenige. Gegenwärtig bedeutet es, daß an Winterabenden Tanz durchaus am Platze ist und daß die abgerackerte Werktätige sich an Gesang und anderen Lustbarkeiten erfrischt, doch wozu sich das Ganze nach und nach entwickeln mag, darüber wagen wir nicht zu spekulieren.

Immerhin dürfen selbst jetzt schon junge Männer hereinschauen und mit einem Klubmitglied im Empfangszimmer sitzen, das Ganze unter dem verständnisvollen Blick aus dem verständnisvollen Hinterkopf einer Anstandsdame. Außerdem läßt sich dort ein ständig wachsendes Wissen über die Herrin und Brotgeberin feststellen. Um die Welt der Hausangestellten schlingt sich eine Kette Ihrer Schwächen, Gnädige Frau und Herrin: Was Sie sind, ist Ihnen voraus, denn mittlerweile liegt die Geschichte Ihres Charakters in den Händen von Klubmitgliedern, die Ihr Leben erörtern, so wie Sie es von Tag zu Tag leben.

Warum einen Dienstmädchenklub aufmachen? Warum einen Rang für kleine Lichter in der Oper, könnte man ebenso schlüssig fragen. Die Antwort lautet: So wie ein falscher Diamant irgendeine Fassung braucht, damit eine Brosche daraus wird, so braucht ein Dienstmädchen einen Klub, um fortschrittlich zu sein.

Wir beginnen uns allmählich zu fragen, ob das Dienstmädchen nicht letztlich am besten wegkommt: Es weiß, wie der Salat unangemacht schmeckt, und es weiß, wie das Leben gelebt wird, ehe es aufs Parkett gelangt.

Nummer 203 East Seventy-second Street bedeutet Tanzen und Singen und eine Stunde Erholung und einen Plattenspieler und Bilder zum Ansehen, und wenn sie keine Arbeit hat, bedeutet es auch ein Zimmer für 2 Dollar die Woche und auf Wunsch Verpflegung und, das Allerbeste, die Chance, fünfzig andere Mitglieder kennenzulernen. Diese Zahl klingt zwar ziemlich erklecklich, liegt jedoch um ganze 200 unterhalb der Sollzahl, oder mit anderen Worten, es werden weitere 200 Mitglieder benötigt, damit der Klub sich auszuzahlen beginnt. Er hat sich noch niemals ausgezahlt. Das ist einer der Gründe, weshalb er von der Lexington Avenue weggezogen ist, wo er vom vergangenen November an nach den gegenwärtig geltenden Richtlinien unterhalten worden war.

Mrs. E. B. Hall räumte denn auch ein, daß jeder Mensch, der den Wunsch hegen sollte, dem Klub Tischwäsche zu stiften, als Schutzpatron betrachtet werden würde. Auch Nippes und Bücher werden von interessierten Personen erbeten, die mehr davon haben, als sie haben wollen. Mrs. Hall machte lediglich zwei, drei Einschränkungen: Kein Shakespeare und kein Darwin. Der dringendste Bedarf schien jedoch an Bildern, samt Rahmen, erbaulichen Charakters zu herrschen. Kunststudenten im ersten Jahr werden allerdings freundlich gebeten, keine Proben ihres Könnens einzuhändigen, da einige der Hausgenossinnen von eher zartem, nervösem Temperament seien. Empfehlenswert seien hingegen eine Kohlkopfstudie oder eine Erbsenschote.

Es gibt da ein paar Regeln, denen die Mitglieder sich anpassen müssen, und eine davon ist, daß man nur dann lange ausbleiben darf, wenn Mrs. Hall, die Anstandsdame, weiß, wo das fragliche Mitglied sich befindet. Wenn sie mit ihrem jungen Mann ins Theater gegangen ist, gut und schön, wenn sie jedoch an einem anderen als dem angegebenen Ort angetroffen wird, macht dies Mitglied die Entdeckung, daß es in der East Seventy-second Street eine Türglocke gibt, an der es gar nicht erst zu läuten braucht.

Die fünf Dollar Mitgliedsgebühr jährlich scheinen von den Mädchen nicht als zu hoch empfunden zu werden. Mrs. Hall behauptet, viele von ihnen hätten die fünf Dollar auf einen Schlag bezahlt, ohne von der Möglichkeit monatlicher Ratenzahlung Gebrauch zu machen, und außerdem, so behauptet sie, seien solche Mädchen, die Mitglieder werden, von der Sorte, die immer anständigen Umgang sucht. Wären sie nicht die bessere Sorte Mädchen, würden sie niemals in einen Klub eintreten, da sie es vorzögen, ihre freien Tage irgendwo draußen und ihre Abende an irgendeiner billigen Vergnügungsstätte zu verbringen.

Mrs. Hooker hat die Absicht, die Einrichtung zu erweitern, wie es der Nachfrage entspricht. Anfangs entwickelte der Klub sich aus der von ihr gehegten Überzeugung, daß da irgend etwas gebraucht werde, ein Bedarf bestehe, dem noch nicht angemessen und sachkundig entsprochen worden sei. Es war eine Entwicklungschance für das Dienstmädchen, eine Chance, sich den Anforderungen eines Klublebens zu stellen, oder überhaupt den vielen Anforderungen, die es zu erfüllen hat.

Damit man in den Klub hineinkommt, muß man allerbeste Referenzen beibringen, und anständig aussehen muß so ein Mädchen ebenfalls.

Dies Leben stimmt die Frau freundlicher gegen ihresgleichen, denn sie hat Gelegenheit, ihre dienende Schwester kennenzulernen, und zwar nicht so einfach von Haustür zu Haustür, sondern durch jenen Umgang, wie er aus einer gemeinsamen Tasse Tee, einem gemeinsamen Tanz, einem Abend über einer Illustrierten oder bei einem Schwatz in einer schummrigen Ecke entsteht.

Mrs. Hall wurde gefragt, wie sie mit der Verantwortung zurechtkomme, die seit der Eröffnung des Klubs auf ihren Schultern liegt.

»Sie drückt mich nicht, weil sie mir keine Schwierigkeiten machen, so daß sie mich gar nicht drücken kann. Ein Dienstmädchen hat, ehe es hierherkommt, bereits gelernt, niemandem zur Last zu fallen. Das gehört zu ihrer Arbeit. Natürlich sorge ich mich gelegentlich, wenn irgendeine schwierige Situation zu meistern ist, doch alles in allem sind die Mitglieder ebensogut imstande, für sich selbst zu sorgen wie alle anderen Erwachsenen auch. Nur daß sie, weil sie Dienstboten sind, ein bißchen weniger Scherereien machen, ein bißchen weniger eingebildet und somit auch ein bißchen weniger anfällig für Kränkungen sind als gewöhnliche junge Frauen.«

Uns braucht das alles nicht leidzutun, uns, die wir niemals in der Lage waren, Dienstboten zu halten, uns, die wir stumm auf die Knie niedergehen und hinter zugezogenen Vorhängen die Böden scheuern. Uns braucht das nicht leidzutun, uns, die wir allein für unsere Familie, sei sie nun groß oder klein, kochen und flicken und nähen. Warum sollte uns das leidtun, wenn, wie gesagt, der Fall eintritt, daß der Heimklub gerufen hat und sein Ruf vernommen worden ist, und nun ist kein Dienstmädchen da, um den Tee zu servieren?

Uns tut das nicht leid, daß Aktionen zuweilen Schürzen entgegenwirken und ein Feuer um einer Flamme willen im Stich gelassen wird.

BROOKLYN DAILY EAGLE, 12. OKTOBER 1913

VETERANEN IM GESCHIRR

Im Frühjahr 1913 machte Djuna Barnes für den ›Brooklyn Daily Eagle‹ eine Serie von Interviews mit älteren Männern, die noch berufstätig waren. Sie waren überwiegend mit der großen Einwanderungswelle im späten 19. Jahrhundert ins Land gekommen. Die meisten bekannten sich zu einem Arbeitsethos, das man heutzutage selten antrifft. Nur einer von ihnen würde heute im Beruf seiner Wahl keine Anstellung mehr finden – Maschinist Tom Baird, Heizer auf einem Fährschiff.

Diese Männer hatten viele der bedeutenden Ereignisse im Leben der Stadt selbst miterlebt. Die New Yorker waren durchweg sehr stolz auf den Bau der Brooklyn-Bridge in den Jahren 1869 bis 1883 gewesen, der ersten Stahltrossen-Hängebrücke der Welt und, zur Zeit ihrer Fertigstellung, der längsten Hängebrücke überhaupt. Entworfen von Vater und Sohn Roebling, war die Brücke ein Wahrzeichen der Zeit, das anderen Ereignissen Perspektive verlieh. Immer wieder wurde sie überschwenglich gepriesen; Kritiker James Huneker bezeichnete sie als »riesige Harfe, die der Finger eines monströsen Musikers harrt«.

Viele erinnerten sich auch an den in der Presse breit besprochenen Prozeß des Brooklyner Geistlichen Henry Ward Beecher im Jahre 1875, der des Ehebruchs angeklagt war. Beecher wurde der Shakespeare der Kanzel genannt, und er genoß einen hervorragenden Ruf als Reformer – der u. a. für das Frauenwahlrecht eintrat –, und als die Geschworenen kein Urteil zustandebrachten, entschied die Öffentlichkeit mit bemerkenswerter Einmütigkeit, daß Beecher zu Unrecht angeklagt worden sei.

Der Bau von Hochbahnen hatte mehr Lärm mit sich gebracht, mehr Geschäftigkeit und für manche auch mehr Geschäfte. Die Wirtschaftspanik, die etwa alle zwanzig Jahre ausbrach, hatte Existenzen ruiniert und Leben geprägt. Viele bedeutende Männer teilten ihre Geschichte mit der der Stadt, darunter auch Seth Low, der zuerst Brooklyner, dann New Yorker Bürgermeister und elf Jahre lang Präsident der Columbia University war.

BRIEFTRÄGER JOSEPH H. DOWLING ZWEIUNDVIERZIG JAHRE IM DIENST

Schauplatz: Das Postamt an der Ecke Washington / Johnson Street. Die Lampen sind heruntergedreht und brennen in gleichmäßigem Blau. Im graubraunen Dunkel die Umrisse der Briefträger, die sich in der Landschaft des Postsackgebirges bewegen und sich in gedämpftem Ton miteinander unterhalten. Auf hohen Schemeln dösen die Schalterbeamten über den Tintenflaschen und Briefmarken vor sich hin, das vergitterte Schalterfenster wirft Muster an die Wand, und draußen herrscht das sanfte Gemurmel einer großen Stadt, die sich die Nachtmütze überzieht.

Auftritt Joseph H. Dowlings, des ältesten diensttuenden Briefträgers, siebenundsiebzig im April. Untersetzt und grauhaarig, die Dienstmütze über den Kopf gestülpt, die leere Posttasche über der Schulter. Er schaut sich um und setzt sich langsam hin, während er die Mütze in die Hände nimmt und die Posttasche, worin vor einer Stunde noch eine Welt unverteilt beisammenlag, von seiner Schulter gleitet. Er spricht.

»Zweiundvierzig Jahre im Dienst und nie ein Liebchen in all den Blocks, die ich abgelaufen habe. Vierundfünfzig Jahre verheiratet, zwölf Jahre länger als mit der Post.« Er lacht. »Da war es natürlich mit der romantischen Seite des Pflastertretens nicht weit her, aber dem Himmel sei gedankt, daß sie mir ebenso wie die Kinder erhalten geblieben ist – die Kinder, und dabei ist das älteste dreiundfünfzig.

Und was hat sich währenddessen nicht alles verändert«, fährt er fort. »Denken Sie mal, ich habe beim Bau der Brooklyn-Bridge mitgeholfen. Ich stand unter dem Flußbett vom East River und habe Männer herumkommandiert – ein Vorarbeiter, der menschliche Schicksale unter sich hatte –, und, meine Güte, wie die Stadt, sobald es einmal losging, gewachsen ist! Ich hatte das Gefühl, ich ging zwischen Teepause und Mittagbrot runter, und wenn ich wieder raufkam, hatten sie einen ganzen Block gebaut.« Er fährt sich mit der Hand über die Augen. Hinten in einer dunkel gewordenen Ecke gleitet lautlos ein Brief auf einen der Berge nieder.

»Ich erinnere mich noch an die Zeit, als es in Brooklyn keine Haltestellen und keine Busse gab und ich den Eindruck hatte, daß es bei der großen Abrechnung kaum Komplikationen geben würde, wo es doch nichts Verzwickteres zu registrieren galt als das Geburts- und Todesdatum von ein paar Menschen, die niemals von irgendwelchem Wettbewerb geträumt haben. Und dann kamen die Busse, und die Hochbahn wurde hochgezogen, und ich war damals zufrieden, daß es von nun an eine Abrechnung geben würde, bei der es nicht ohne eine Menge flinkes Kopfrechnen abging.

Anfangs habe ich immer auf die Räder über dem Kopf gelauscht und mir gesagt: ›Endlich hat die Welt ein zweites Stockwerk.‹

Im Jahr 1881, als ich zur Post kam, gab es für ganz Brooklyn nur vierzig Briefträger, deren Routen vom East River zur Stone Avenue, von der Flushing Avenue zur City Line reichten, und täglich nur zwei Zustellungen. Zu der Zeit gab es im Postamt nicht mehr als 75 Mann – Schalterbeamte, Postboten, alles zusammengenommen. Das Postamt war damals noch ein Holzbau, unmittelbar unterhalb vom Eagle Building. Von denen allen sind nur noch zwei übrig, die mit mir angefangen haben, und die machen immer noch Schalterdienst.

Ich hatte damals eine Tour zu bewältigen, die heute von acht Mann bestritten wird. Ich hatte gewöhnlich zweitausendfünfhundert Sendungen auszutragen. Ich habe unter neun Postmeistern gedient – Samuel Booth war der erste. Das waren damals harte Zeiten, und wir hatten vierzehn Stunden Dienst, bis dann der Acht-Stunden-Tag kam, dem Himmel sei's gedankt. Allerdings gab es da ein paar Blocks auf der Route, die wir uns um Weihnachten nicht gern wegnehmen lassen wollten.

Ich bin ein Yankee reinsten Wassers, weil meine Familie fünf Generationen lang, wie auch mein Vater vor mir, in Brooklyn geboren worden war, ich habe mein ganzes Leben dort gelebt. Ich ging in der Adams Street zur Schule, und da hing noch ein Stadtplan, auf dem bis auf ein paar Straßenzüge kein Brooklyn drauf war. Wo jetzt der Brunnen vor der Borough Hall steht, da haben sie damals ein Gefängnis gebaut, und als Kinder haben wir in den halbfertigen Zellen immer Verstecken gespielt.«

Er schaut sich um. Im trüben blauen Licht machen die Briefträger, junge Männer, sich gerade fertig, um nach Hause zu gehen. Er sieht sie nicht. Er ist in die Jahre zurückgekehrt, in denen ihre Väter mitten im Leben standen.

»Man spricht von launischen Menschen. Es gibt nichts so Launisches wie eine Posttasche. Das könnt ihr anderen natürlich gar nicht verstehen.« Er berührt sie mit ehrfürchtigen Fingern. »Hier, hier drin, haben Briefe gelegen, die von Liebe sprachen, und Briefe, in denen gebrochene Herzen steckten. Wenn ich mich auf meiner Tour fünf Minuten verspätet hatte, hielten fünfhundert Liebende den Atem an und fünfhundert Kümmernisse warteten darauf, geboren zu werden.« Er rückt auf seinem Stuhl hin und her.

»Ich wüßte ja gern, wievielen Menschen überhaupt klar ist, wie rasch das gehen kann, daß man lauter neue Gesichter in einer Straße sieht. Manche Straßen halten ihre Familien über Generationen, und dann gibt's den Fall, daß man nach sechs Monaten schon wieder Fremden die Post bringt. Es hört sich ein bißchen komisch an, daß einer ein Foto vermissen soll, das gleich vorn im Flur hing, das Foto von der Mutter in der alten Heimat. Man fängt an, Nummern mit Menschen zu verbinden – wie bei Sträflingen, möchte man meinen –, und dann merkt man plötzlich, daß die Nummer, die man an der Zimmerdecke gesehen hat, als man wach im Bett lag, mit einer anderen Familie verbunden ist, und man muß sich im Kopf völlig umstellen, damit einem nicht alles durcheinander geht.

Tja, und jetzt habe ich nur drei Interessen im Leben – die Gesundheit meiner Familie, das Nahen der Pensionierung und das Fortbestehen der Witwen-und-Waisen-Kasse. Ich bin deren Vorsitzender, und das beschäftigt mich mehr als alles andere.«

Der Raum ist ohne jedes Leben, aber die blauen Lichter brennen immer noch weiter, und die Postsäcke werfen Schatten über den Boden.

Er steht auf, die Mütze in der Hand. »Das Traurigste im Leben überhaupt ist, jemandem den schwarzgeränderten Brief zu bringen.« Er nickt. »Hmm, der Schwarzgeränderte. Und das Erfreulichste ist mein Zuhause.«

Er tritt in die Nacht hinaus.

BROOKLYN DAILY EAGLE,
12. OKTOBER 1913

FEUERWEHRMANN MICHAEL QUINN VIERZIG JAHRE FLAMMENBEKÄMPFUNG

Schauplatz: Büro des Leiters der Feuerwache von Bay Ridge. Hinter dem Schreibtischstuhl des Direktors eine lange Reihe von Fotografien jener Beamten, die vor seiner Zeit Dienst taten. Durch die halbgeöffnete Tür erblickt man etliche weißbezogene Pritschen, die in einer Reihe stehen und sehr leblos wirken. Sie warten auf das Leben, das die Nacht bringt. Eine schimmernde blanke Messingstange führt vom ersten Stock in den Schlafsaal hinab.

Vor uns haben wir, in einer Haltung, die auf allergrößte Behaglichkeit schließen läßt, und mit einem Ausdruck im Blick, als lägen vor ihm lieblichgrüne Wiesen und in der Ferne bimmele die Glocke des Löschwagens, Michael Quinn, seit vierzig Jahren im Dienst.

Wenn einer seinen Vormittag im Kampf mit den Flammen und dem Feuertod verbracht hat und seinen Nachmittag selbstverständlich ebenfalls, dann kann der Abend getrost damit hingehen, daß man den feuerfesten Vorhang vor dem letzten Akt des Lebens im Auge hat, in dem Ballettmädchen und zu Hause verbrachte Nächte vorkommen.

»Ich gehe bald in Pension«, sagt er, »ich hätte das schon vor zwanzig Jahren tun und meine Pension in Empfang nehmen können, doch ich wollte mich bis an die oberste Grenze hochkämpfen ... Nun möchte ich mich ausruhen. Ich habe vierzig Jahre lang nicht in meinem eigenen Bett geschlafen. Ich möchte jetzt einfach mal wissen, wie das ist, wenn ich die Kerze auf meinem eigenen Nachttisch ausblase. Ich möchte jetzt einfach mal den Atem meiner liebsten Menschen gehen hören. Ich möchte jetzt einfach mal ab und zu im Bett liegen und zu den Dachsparren hinaufstarren und Gesichter schneiden.

Jetzt kommt mein großer Tag. Ich habe vierzig Jahre dafür gearbeitet. Die Pension, die zu dieser Arbeit gehört, hat mich überhaupt dazu gebracht, sie anzunehmen. In anderen Branchen mustern sie einen aus wie einen alten Gaul, der nur noch sterben kann, nachdem er alles gegeben hat. Für mich wird das sein, als käme ich aus dem Gefängnis.

Anfangs war ich Löschzug Nummer eins zugeteilt, der an der Fourth Avenue stand. Von dort wurde ich zum Gerätewageneinsatz Ecke Van Brunt und Seabring Street versetzt – ich bin nämlich ein Mensch, der nicht gern wechselt, wenn er erst mal einen bestimmten Arbeitsplatz hat. Ach, ich habe Ihnen ja noch gar nicht erzählt, wo ich geboren bin! Das war in County Clare, Irland, im Jahre 1853.

Damals, in der guten alten Zeit, war die Feuerwehr noch eine ulkige Angelegenheit. Ich weiß noch, daß eines Morgens ein Mann zu uns kam, der mit betrübter Miene auf einem Strohhalm kaute. Er erklärte, er hätte einen Herd gekauft, könnte ihn aber nicht nach Hause schaffen, weil er kein Pferd hätte. Unser Chef erwiderte freundlich: ›Sie können unser Tenderpferd für den Nachmittag haben, wenn Ihnen damit geholfen ist!‹«

Er lehnt sich zurück, lacht auf seine fröhliche keltische Weise und zieht an seinem Schnauzbart. »Und in der damaligen Zeit«, sagt er, »kriegten wir keine lobenden Erwähnungen, wenn wir jemand das Leben gerettet hatten. Nicht daß wir darauf ausgewesen wären, doch heute können wir gar nicht ausrechnen, wieviele Leben wir genau gerettet haben, wegen der fehlenden Aktennotiz. Ich persönlich habe nur ein Leben gerettet, nur zwei Narben davongetragen, und ich bin im Großen und Ganzen mit der Menschheit zufrieden, vorausgesetzt, man räumt ihr nicht zuviel Freiheit ein.

Vor allem bin ich mit mir selbst zufrieden. Ich habe mich immer bemüht, meine Pflicht zu tun, und ich bin niemals gemeldet worden. Das ist schon eine Personalakte, die sich sehen lassen kann. Ich hoffe, die haben im Himmel oben in diesem Sinne ein paar Notizen gemacht.

Ehe das elektrische Alarmsystem aufkam, hatten wir immer Aussichtstürme, von denen wir nach Bränden Ausschau hielten. Auf die Weise haben wir erst dann mitgekriegt, daß ein Haus in Brand stand, wenn die Flammen durchs Dach schlugen. Das mag zwar eindrucksvoll ausgesehen haben und hat dem Ganzen Wärme und Farbe verliehen, für die Bewohner des Hauses war es jedoch nicht eben gemütlich. Doch die Zeiten haben sich geändert und damit auch die Verhältnisse. Heute kriegt einer eine Belobigung dafür, daß er ein Pferd am Wegtrotten hindert, und wenn einer ein Menschenleben rettet, dann kriegt er einen solchen Berg von Orden, daß er sie in einem Wäschekorb nach Hause schaffen muß.

Ich habe die Menschen in der Helligkeit, die die Flammen so mit sich bringen, ein bißchen studiert, und einer kann sagen, was er will, aber Frauen sind bei Bränden nun einmal weniger mutig als Männer. Frauen haben von Natur aus nicht soviel Widerstandskraft, und sie schmilzt dahin wie Speck, wenn ein Feuer ihnen die Kreideporträts von der Wohnzimmerwand zu lecken beginnt.

In meinen Anfängen habe ich mich durch die ganze Abteilung gedient, Feuer hat mich immer schon angezogen wie einen kleinen Jungen, und ich habe sechs Jahre als freiwilliger Feuerwehrmann ohne Bezahlung gedient – das scheint mir doch eine ganz schöne Leistung.

Ich bin Mitglied der Gesellschaft Alter Brooklyner. Ich bin jetzt siebenundfünfzig Jahre hier, obendrein verheiratet und Vater von zehn Kindern. Ich gehöre fast einem Dutzend Klubs an. Ich komme gerne mit Leuten aus den besseren Kreisen zusammen, denn je vornehmer die Leute sind, desto wütender kann man sie machen, so richtig bis zur Weißglut. Ein Slumbewohner schmeißt dann mit dem Nudelholz nach einem, doch eine Frau der besseren Kreise, die läßt einem sozusagen Eisstückchen den Rücken runtergleiten, und da wird einem ganz schön fröstelig, wenn so eine mal loslegt. Ich habe eine ganze Reihe Sträuße mit denen ausgefochten, und die haben mir immer viel Spaß gemacht.

Es ist mir zuwider, an die Brände zu denken, bei denen ich dabei war. Der größte war die Katastrophe im Brooklyn Theatre, dreihundert Opfer, und ich habe einen ganzen Haufen Leichen hinausgetragen.

Die meisten Menschen verlieren bei einem Brand den Kopf und wissen nicht, was sie tun sollen. Eine Regel ist immer brauchbar: Halt dich nah am

Boden auf, und wenn der Rauch so dicht ist, daß du die Orientierung verlierst, dann geh zur Wand und beweg dich solange daran entlang, bis du mit der Hand das Beste zu fassen kriegst, was es in dem Augenblick überhaupt geben kann: das Loch, das der Maurer gelassen hat. Wenn man umherirrt, gibt es ja auch immer noch die Wasserleitung, um einen wieder zur Tür oder zum Fenster zu geleiten, und wenn das alles versagt, dann bleibt einem nur noch, niederzuknien und zu beten – das macht man nämlich nicht gleich, denn solange es noch irgendeine andere Möglichkeit gibt, sein Leben zu retten, möchte keiner gern, daß der Nachbar denkt, man bitte um etwas, das man sich auch einfach nehmen könnte.«

»Hatten Sie jemals Angst?« fragt die Besucherin.

»Nein, nicht daß ich wüßte, obwohl es genauso albern ist zu behaupten, alle Feuerwehrleute seien tapfer, wie zu behaupten, alle Männer seien mutig. Die Menschen sind eben alle verschieden. Manche haben Angst und manche nicht. Nur wenn einer die Flinte ins Korn schmeißt, dann ist er auf alle Zeiten abgestempelt. Die Jungs zeigen höhnisch mit dem Finger auf ihn, und er kann gleich genausogut in den Wald gehen und Veilchen pflücken.

Im Leben eines Feuerwehrmannes gibt es nicht viel Angenehmes. Wir können nicht zu Hause schlafen, und ob wir unser Essen kriegen, ist Glückssache. Es gibt auch nichts sonderlich Aufregendes im Leben eines Feuerwehrmannes, weil er sich mit der Zeit an den Tod und den Anblick von Feuer und Rauch gewöhnt, und das Geräusch des zischenden Wasserstrahls ist für ihn, was der Kuchen für ein überfüttertes Kind ist. Doch eins entschädigt einen für alles – das Gefühl, jemanden für einen anderen Menschen gerettet zu haben.

Und die Zufriedenheit unter den Jungs ist eine weitere angenehme Seite für mich. Ich sitze gern hier oben und höre dem Stimmengedröhne zu, das von unten zu mir heraufdringt, und dann sage ich mir, daß da unten Männer neben einem Löschzug versammelt sind, die beim Ertönen der Alarmglocke auf den Beinen sind. Ich sitze gern hier oben in der Gewißheit, daß nichts so rasch einsatzbereit ist wie die Feuerwehr, und trotzdem«, schloß er, »werde ich mich jetzt ausruhen.«

BROOKLYN DAILY EAGLE,
2. NOVEMBER 1913

JOHN F. MAGUIRE, FAHRSTUHLFÜHRER
VIERUNDZWANZIG JAHRE IN EINEM KÄFIG

Schauplatz: Hall of Records, vor allem der zweite Fahrstuhl linker Hand. Eine hastende Schar von Menschen, die Testamente einsehen müssen und deren Inhalt freudig begrüßen oder aber bedauern; die Tode beweinen, doch des Strandguts nicht vergessen, das die verebbende Tide zurückgelassen hat, Männer und Frauen mit den gleichen ernsthaften Gesichtern, die die Hast des Lebens der Menschheit aufsetzt. Lächelnd in ihrer Mitte steht, wie ihr gütiger Bruder, der kleine John F. Maguire, vormals Bürger der Stadt Dublin, ein königlicher Dubliner Jackeen. Vierundzwanzig Jahre steht er nun im Fahrstuhl. Er spricht:

»Die Schlacht von Chancellorsville hat mich in diese stumme Gondel hier gestellt. Ich war verwundet worden und fünf Zehen kamen unter die Erde – oder anders gesagt, ich verlor ein Bein. Danach, statt den Verstand zu gebrauchen, den mir dies Erlebnis eingegeben haben sollte, und das Leben auf lange Zeit von seiner nüchternen Seite zu betrachten, stattdessen also (und das mit nur neunzehn Jahren) hab ich prompt geheiratet, das Dümmste, was ich je im Leben getan habe. Sie war die erste, die zweite folgte ihr, und jetzt«, setzt er hinzu, »halte ich nach der nächsten Ausschau.

Ich bekam die Stelle als Fahrstuhlführer, nachdem ich das große Los gezogen hatte und alles Geld losgeworden war, das ich auf der Bank hatte. Ich habe sechzehn Jahre lang den Fahrstuhl im Rathaus bedient, und die Art von Fahrstühlen sind die reinsten Streichholzschachteln, doch habe ich trotzdem kein einziges Mal jemanden verletzt, weder mich noch einen Fahrgast. Da gab es nicht den kleinsten Kratzer am Finger, keinen geklemmten Fuß, und nicht mal ein Entrinnen um Haaresbreite, um das Ganze ein bißchen lebendiger zu gestalten. Unter meiner Bedienung blieb die Gondel nüchtern, was ja auch der einzig rätliche Zustand ist. Von dort aus ging ich für einen Monat in die Borough Hall. Das Rathaus war zu der Zeit, als ich anfing, das einzige Gebäude in Brooklyn mit Fahrstuhl.

Statt nun die ganze Zeit von meinem Beruf zu reden, möchte ich gern ein Wort zu meinen Überzeugungen sagen. Meine unerschütterlichste betrifft den Selbstmord. Es gibt nur eine Weise, ihn zu begehen – und zwar, indem man allein bleibt. Mag sein, man verbrüht sich die Finger, doch es ist besser, in den warmen Indischen Ozean zu plumpsen, als auf einem Eisberg zu sitzen und in die Ferne zu blicken, wo es von Eisschollen wimmelt, und nie mal ein Gör zu haben, das dir zu Hause entgegenläuft oder dir mit seiner kleinen Person auf die Nerven fällt. Das ist eine Theorie, der auch alle Geschäftsleute anhängen.

Ich erinnere mich an einen Burschen, der mir erklärt hat, er würde keine Frau anstellen, und als ich ihn gefragt habe, weshalb nicht, da hat er gesagt, mit 900 Dollar im Jahr würde so ein Mädchen sich einrichten und eine alte Jungfer werden. Ein Mann mit demselben Geld würde sich hingegen umschauen und ein nettes Mädchen heiraten. Wenn man die Welt mit Junggesellinnen bevölkern wolle, brauche man den Mädchen bloß gutbezahlte Stellungen zu geben. Fast immer mieden sie dann die Liebe und hätten am Ende soviel Sanftmut und menschenfreundliche Milch in sich wie eine Schachtel Küchenkräuter.

Und jetzt, wenn's recht ist, komme ich wieder auf meine Arbeit als Fahrstuhlführer zu sprechen. Tja, ich schaffe immerhin 4000 Menschen täglich hinauf, jede Minute eine Ladung. Multiplizieren Sie das, und dann sehen Sie, wieviele Menschen ich im Jahr befördere; die fahren alle rauf. Das Problem dabei ist, daß ich sie alle auch wieder runterbringen muß.

Vielleicht denken Sie ja, wenn man den ganzen Tag in einem Käfig steckt, hätte man am Ende Gitterstäbe und Gefängnisse im Kopf, aber die Wahrheit ist, ich bin so sehr daran gewöhnt, daß das ist, als führe man im Federbett; ich bin so zufrieden, als säße ich zu Hause in einem alten Schaukelstuhl und träumte mit der Pfeife im Mund vom alten Torfmoor Irland, dem lieben, alten, sonnigen Irland. Und besonders der Stadt Dublin, wo alle richtigen Iren herkommen, die guten, fidelen Iren wie ... wie – –« (er blickt mit einem Anflug eines Lächelns zur Decke hinauf) »na, eben wie ich!

Sie kämen bestimmt nicht auf die Idee«, fuhr er fort, und die klaren Züge eines ruhevollen Gesichts legten sich in heitere Falten, »Sie kämen bestimmt nicht auf die Idee, daß ich viel Zeit im Leben damit verbracht habe, mir hübsche Namen auszudenken wie Daisy, Rose und Morning Glory, um die Mädchen anzureden, wenn sie Aufmunterung brauchten – die anderen armen Mädchen, die beim Gericht über den Schreibmaschinen sitzen oder die wie die armen Tauben im Käfig in den dunklen Ecken dieses Gebäudes umherflattern und nach Luft lechzen. Nicht, daß sie manchmal nicht auch glücklich wären, doch ich glaube, die möchten manchmal an die Felder erinnert werden, und wenn sich dann einer die Mühe macht, sie Blumen zu nennen, dann sind sie auch welche, die lieben Dinger.

Ich höre nie bei Verhandlungen zu, da das hier so eine Art stummer Gerichtshof ist. Niemand spricht außer dem Richter. So muß ich mich mehr dafür interessieren, die Gesichter zu lesen. Jedes neue Gesicht – und davon gibt's im Lauf eines Tages eine Menge – stellt mich vor ein neues Problem, und so habe ich gar keine Gelegenheit, müde zu werden. Der Tag ist um, ehe ich mich's versehe, einfach nur dadurch, daß ich mich für meinesgleichen interessiere.

Im allgemeinen richtet die Zeitrechnung der Leute sich danach, wann sie in dieser Stadt zu arbeiten angefangen haben und was sich auf den Straßen seither alles verändert hat; bei mir ist das nicht so. Ich habe keine Zeit, die Veränderungen auf den Straßen zu bemerken, oder vielmehr, ich finde dazu keine Gelegenheit, weil ich von acht bis vier hier drin bin, und so richtet sich meine Zeitrechnung nach den Veränderungen auf dem Gebiet der Kleidung oder im Verhalten der Menschen.

Also hören Sie sich mal an, was der kleine Johnny Maguire sich mit Hilfe der Menschen, die in seinem Fahrstuhl fahren, draußen für eine Stadt vorstellt. Als erstes stelle ich mir vor, daß die Temperatur im Sommer ungefähr fünfzig Grad im Schatten und im Winter fünfzig Grad in der Sonne beträgt. Irgendetwas muß ja an der Vorliebe der Damen für Chiffon und Spitze schuld sein. Dann müssen die Häuser erheblich an Höhe gewonnen haben, denn die Damen halten, während sie gehen, als quäle sie etwas, alle die Nase himmelwärts, als beobachteten sie Backsteine, die sich in die Wolken emporschwingen, und dann denke ich mir, da muß es irgendwo ein wahres Ungeheuer von einem Kerl geben, einen mit Schwanz und Hörnern, der eine gemeine Peitsche schwingt, denn sie eilen so hurtig in ihren roten Stiefelchen und ihren schwarzen und hellbraunen Pumps und auf ihren ewigen hohen Hacken dahin, und so würde ich auch meinen, daß die Stadt sehr prächtig ist und Männer sie erbaut haben, weil die immer so aufgeblasen und eingebildet sind und so gewaltige Gesten machen und so laut sprechen. Zusammenfassend würde ich sagen, daß das wohl schon eine beachtliche Stadt ist, doch daß die Menschen sich Sachen ausdenken, die, wenn sie aufhören, Träume zu sein, manchmal Alpträume werden. Denn statt Ruhe auszustrahlen und das stolze Gefühl, etwas geschaffen zu haben, rennen die Menschen dem unablässig hinterher, und der lange Schatten des höchsten Wolkenkratzers zeigt mit dem Finger auf sie und sagt: Denkt ihr nicht ein bißchen zuviel an eure Mauern und ein bißchen zu wenig an eure Gärten?«

Er wendet den klaren Blick der Sonne zu, die durch die Tür hereindringt. »Und dennoch – ohne hohe Häuser, wo wäre Dublin Jackeen da, und woher käme dann die Notwendigkeit, Namen wie Lily und Rose und Daisy für die erschöpften kleinen Mädchen zu finden, die durch die Flure eilen? Was würde wohl aus Blarney's Stone, wenn es keine irischen Küsse gäbe, die auf ihn niederregnen?«

BROOKLYN DAILY EAGLE,
9. NOVEMBER 1913

DANIEL SHEEN, ZEITUNGSHÄNDLER
FÜNFUNDZWANZIG JAHRE ZEITUNGEN

Schauplatz: Kellergeschoß von Haus Nr. 35, Rockwell Place. An der Wand sieben Bilder von sieben Frühlingen, die zu Herbsten verbleichen. Drei Zeitungen auf dem roten Tischtuch, das bei passender Gelegenheit auf einem Tisch ausgebreitet wird; ein Kohlenfeuer und eine beißende Woge von Pfefferschoten- und Zwiebelduft und Dampf aus einem Waschkessel. In der Ecke, ein rotes Kissen hinter sich, sitzt mit im Schoß gefalteten Händen, den Blick auf einen Erdhaufen vor dem Haus gerichtet, wo die Arbeiter noch am Werk sind, Dan Sheen, achtzig Jahre alt, und, wie er es ausdrückt, am Ende seines Sommers angekommen. Zeitungshändler seit '58 und immer noch Zeitungshändler, ein guter Liebhaber, ein guter Ehemann und ein guter Trauernder.

»Ich bin 1857 aus England gekommen und habe als Trancheur in einem Restaurant angefangen. Meine Mittel waren ziemlich beschränkt, und ich dachte während der Arbeit häufig darüber nach, wieviel besser mein Mädchen und ich dran wären, wenn wir einen Laden bekommen könnten, wo sie doch in allem so geschickt war wie eine tüchtige englische Ehefrau sein sollte. Ich glaube, jetzt spüre ich den Verlust meiner Frau mehr als je zuvor. Ich werde alt, und ich brauche sie jetzt, wo ich meine Arbeit doch bald aufgeben und dann immer drin sitzen werde, wo es nichts zu sehen gibt, denn ich kann die Zeitungen, mit denen ich soviele Jahre meinen Lebensunterhalt verdient habe, nicht einmal lesen. Nein, ich kann noch nicht einmal die Überschriften lesen, und so sitze ich hier und habe nichts zu tun, und die Erinnerung an mein Mädchen ist meine einzige Gesellschaft.« Er blickt traurig aus dem Fenster und schüttelt den Kopf.

»Und trotzdem lohnt es sich, den ganzen Schmerz und das alles zu ertragen ..., wenn –«, er wendet sich um und schaut auf das Kreideporträt an der Wand –, »wenn einer gescheit genug ist, nur ein einziges Mal zu heiraten, sobald er das einzige kleine Mädchen auf der Welt, das für ihn existiert, kennengelernt hat. Ich hab das getan und bewahre mir lieber meine Erinnerung an eine wie sie, als sie mir durch eine oder mehrere von der unausstehlicheren Sorte im späteren Leben verderben zu lassen, die mir Anlaß zu bitteren Gedanken gäben.

Na gut, wie ich schon gesagt habe, ich dachte also, es wär ganz was Famoses, wenn ich einen eigenen Laden aufmachen könnte, und so mietete ich einen Laden am Hudson Place und behielt meine Arbeit als Trancheur. Meine Frau bediente die Kunden – es war ein Laden mit Süßigkeiten, Zigarren und Kurzwaren –, und am Abend haben wir dann immer gerechnet, wie der Laden ging. Dann kam mir der Gedanke, daß wir auch Zeitungen verkaufen könnten, und den ersten Stapel habe ich auf dem Rücken angeschleppt, um Geld zu sparen. Das ist der richtige Weg, wenn man irgendwelchen Profit will: Man muß selbst die Stelle der Maschinen, der Aktenordner einnehmen, man muß als Rechenmaschine, als Karren, als Pferd dienen, eine tüchtige Hand haben, sich um alles selbst kümmern, voll Mut und Zuversicht. Dann gehört einem am Ende ein Stückchen von Mutter Erde, und wenn es nur ein Fleckchen ist. Wie in meinem Fall. Mir gehört die Nummer 35, und wenn das nun auch gerade keine Augenweide ist, so wird sie mich doch vermutlich davor bewahren, auf den Staat angewiesen zu sein.« Zum erstenmal lächelte er, und man konnte etwas ahnen von der Zärtlichkeit vieler Tauwetter, die dem Frost in seinem Auge gefolgt waren. »Mit Hilfe meiner Frau, die nun schon lange tot ist, Gott segne sie«, sagte er.

Nach einer Pause fuhr er fort:

»Tja, und dann setzt mein Chef, Mr. Collins, seinen Bäcker raus, und ich übernehme das neben meiner anderen Arbeit auch noch, um ihm behilflich zu sein, erwarte allerdings, wie es wohl jeder täte, daß er nun auch meinen Lohn erhöhen wird, doch nein, der tigert im Speisesaal hin und her, und ich frage mich über meinem Blech Kekse insgeheim, was in ihn gefahren ist, und ich brauche nicht lange zu raten, um zu wissen, daß die schwindende Kundschaft ihm Sorgen macht. Seine Gäste waren aus dem Süden, und als die Kälte einsetzte, wanderten die Leute südwärts. Das wurmte Collins ganz gewaltig, und so rannte er hin und her. Schließlich platzt er damit heraus, daß er uns die Löhne um einen Dollar kürzen will. Ich hatte in meinem Leben schon einiges erlebt, aber das nun doch noch nicht. Darauf ließ ich mich natürlich nicht ein und ging.

Dann begann eine Kette verschiedener Experimente. Ich machte einen Stand auf, da, wo sie jetzt den U-Bahn-Schacht buddeln. Vor mir stand ein Zeitungshändler, der hatte ein florierendes Geschäft und außerdem noch die Erlaubnis, Zeitungen auf der Pferdebahn zu verkaufen. Er war jedoch ein Trinker, und ich wußte, er würde dort enden, wo alle Trinker enden. Er stellte Jungen an, die für ihn das Geschäft mit den Menschenströmen auf der Fulton Street machen sollten. Wenn ich dort auftauchte, drohte seine Frau mir immer mit der Faust und nannte mich einen teuflischen Engländer. Ihm war angst und bange bei meinem Anblick. Ich nahm mir auch einen Jungen. Am Schluß hatten wir deren sechs, und wir führten einen ziemlich schweigsamen, aber nichtsdestoweniger wirkungsvollen Krieg gegeneinander. Dann starb er eines Tages; wir brauchten nicht erst zu fragen, woran. Ich wußte, meine Zeit war gekommen, und ich brauchte mir keine Sorgen zu machen: es würde nicht lange dauern, und seine Frau würde denselben Weg nehmen – und das tat sie auch.

Ich hatte ein gutgehendes Geschäft, und ich liebte es wie mein eigenes Kind. Ich brauchte einen Menschen nur anzusehen und wußte schon, was für eine Zeitung er kaufen würde. Ich habe sage und schreibe 600 Zeitungen am Tag verkauft. Der ›Brooklyn Eagle‹ war schon, als ich ins Zeitungsgeschäft einstieg, mein Lieblingsblatt. Als nächstes machte ich dann einen Stand in der Fulton Street auf und dann noch einen in der Myrtle Street, wo ich allerdings bald feststellte, daß dort nichts zu verdienen war. Wenn einer sich in eine Zeitung vertiefte, drängten sich sechzehn Leute um ihn und lasen über die Schulter mit.

Der nächste Stand befand sich gegenüber der heutigen U-Bahn-Station. Den hatte ich achtundzwanzig Jahre. Ich hatte außerdem noch eine ausgedehnte Tour, die allerdings in die Brüche ging, als sie die Busse durch die Livingston Street fahren ließen und überall möblierte Zimmer und Wohnhäuser entstanden. Das war zu riskant, denen Zeitungen zu liefern, wenn sie welche gewollt hätten. Warum? Weil Leute in Wohnhäusern oft nicht zahlen. Jedenfalls hatten sich die Verhältnisse und die Menschen verändert seit meinen Anfängen in dieser Stadt. Damals gab es noch Ehrlichkeit.

Als die Zeitungen anfingen, sich ihre Kioske oder Stände unter den Hochbahntreppen zu bauen, sind wir – ein Komitee von drei Leuten – bei

Seth Low vorstellig geworden und haben ihm unseren Fall dargelegt und erklärt, daß das unser Ende wäre. Er erwiderte auf seine großzügige, noble Art: ›Hier werden keinerlei Kioske errichtet, unter welchen Treppen auch immer, wenn das die Zeitungshändler von Brooklyn in Schwierigkeiten bringt‹, und damit war das erledigt.

Das Großwerden von Brooklyn schließlich war es, das mein Geschäft ruinierte. Das Aufkommen der Busse war ein Segen für die Zivilisation, aber nicht für den alten Sheen. Ich mußte meinen Stand ständig in Bewegung halten, um an die Leute heranzukommen, und als letztes sieht man mich jetzt auf dem Hudson Place, nur mit einem kleinen Karren, und ich brauche da auch nur noch drei Stunden am Tag zu stehen, von 6 Uhr 30 bis 9 Uhr 30, und daran können Sie sehen, daß es Zeit ist abzutreten. Die Leute kaufen sich ihre Zeitungen auf der Hochbahn, ehe sie bei mir vorbeikommen, und die Untergrundbahn zieht auch noch einen Teil des Geschäfts an sich. Die Leute kommen hier nicht mehr einfach so vorbei, und ich verdiene womöglich nicht mal einen Dollar am Tag, wenn ich es jetzt auch nicht mehr des Geldverdienens wegen tue. Ich mache es, weil ich es nicht aushalte, den ganzen Tag lang vier Wände anzuschauen.« Er lehnt sich zurück und schließt die Augen, in einem Hinterzimmer sitzend, und seine Schwester sieht man im Schummerlicht eines abgedunkelten Zimmers hin und hergehen, durch die Dampfschwaden aus einem Wäschetopf, hinter denen sie dann wieder gänzlich verschwindet. Alt und gebeugt und müde, doch immer noch dienstbar, kommt sie in Sicht und wird wieder vom Dampf aus dem Topf verschluckt, der auf einem lebhaften Kohlenfeuer kocht.

BROOKLYN DAILY EAGLE,
16. NOVEMBER 1913

KRIMINALKOMMISSARIN VERFASST GEDICHTE

Man stelle sich einen Tag auf der Centre Street vor, wenn es bedeckt ist und bedrohlich nach Regen aussieht. Einen Tag, durch den die schlurfenden Vagabunden flackern wie verlöschende Kerzendochte; Centre Street mit ihren eilenden Geschäftsleuten, ihren mageren Büroangestellten mit den Aktentaschen, dem Gebäude des Kriminalgerichtshofs, jenem Bauwerk der niederschmetternden Höhepunkte, auf dessen Treppenstufen die Menschen vom Schatten eines Grams getroffen werden, der sie alle gleichwerden läßt – Männer, deren Münder ihre Verletztheit verraten, Frauen in Schwarz, die Italienisch sprechen, und geräuschlos spielende Kinder, als wären sie die unschuldige Asche irgendeiner Verzweiflung. Man stelle sich die Schreie eines Menschen vor, der in einer Baulücke hoch über der Menge auf einer Seifenkiste steht und mit weitausgebreiteten, beschwörenden, unbedacht fuchtelnden Armen nach Freiwilligen ruft. Dann stelle man sich die langen, kalten Flure des Polizeipräsidiums vor, die uniformierten Männer mit den Abzeichen, die schläfrig über ihren Herzen blinken, die Reihen der Preispokale in einer Vitrine und dann das Zimmer, an dessen Tür das Schild mit der Aufschrift ›5. Kommissariat‹ angebracht ist. Hier drinnen sitzt, an einem imposanten, hochoffiziellen Schreibtisch in einem mit Spitze abgesetzten blauen Sergekleid eine Frau mit guter Figur und zugleich strengem und humorvollem Gesicht. Man stelle sich das alles vor, und man hat die Umgebung und die Person Mrs. Ellen O'Gradys vor Augen, der Kommissarin des 5. Kommissariats.

Ihre Augen stehen eng und sind schräg geschnitten, die Nase ist sanft geschwungen und der Mund der eines Menschen, von dem man sagen würde: »Ein treuer Diener seines Staates«. Mein erster Eindruck war der einer Frau, die Angst davor hat, für eine Amtsstube allzu anheimelnd zu wirken.

Sie ist eine Frau, der man die unpersönlichen Fragen als letzte stellt. Folglich fragte ich sie nach der Arbeit, die unmittelbar in ihre Zuständigkeit fällt.

»Ich bin daran interessiert, Mädchen zu retten, ehe sie den letzten Schritt getan haben«, sagte sie, »womit ich nicht sagen will, daß ich mich nicht auch für solche Mädchen interessiere und einsetze, dic bereits gefallen sind – das versteht sich von selbst. Ich bin jedoch der Meinung, daß mehr vorbeugende Maßnahmen ergriffen und weniger Heilungsversuche unternommen werden sollten. Es ist weit besser, ein Mädchen zu retten, ehe es in äußerster Bedrängnis ist, als zu versuchen, es zu retten, wenn es bereits zu spät ist. Nicht, daß man Mädchen nicht bessern könnte, doch ist es nicht besser, einen Fehler gar nicht erst zu begehen, als ihn bereits begangen zu haben?«

Sie drehte ein Lineal um und fuhr fort: »Allerdings glaube ich auch an die wohltätige Wirkung des Leidens; die Schlimmsten von uns sind immer noch besser dran, wenn sie etwas getan haben, um dessetwillen sie aufrichtig leiden können. Doch es gibt auch welche, die können gerettet werden und dennoch ihre Erfahrungen machen und dadurch geläutert werden, als seien sie durch die letzten Feuerproben gegangen und auf der anderen Seite von Fiddler's Green[10] wieder herausgekommen.« Zum erstenmal lächelte sie ein wenig.

»Ich glaube an die Frauen; ich liebe sie; in den Frauen stecken eine Gutmütigkeit, ein Verständnis und ein Mitgefühl, wie sie niemand, nicht einmal das Tier besitzt ... Oh, Sie brauchen gar nicht zu lächeln, weil ich Tier sage seine blinde Ergebenheit ist unübertroffen –, wenn sie selbstverständlich auch ihre Grenzen hat.

Wegen dieser Schönheitsliebe, wegen dieses Verlangens nach etwas Besserem und Hellerem und Lohnenderem geraten unsere Mädchen in Schwierigkeiten. Aus eben diesem Grunde greifen alle, die aus Armut und Unwissenheit, aus Schmerz und Leid, aus Vernachlässigung und Unglück in den Schatten gedrängt sind, nach dem einzigen, worin sie etwas Schönes sehen: nach der Liebe. Und aus demselben Grund gibt es, seit der Krieg begonnen hat, auch mehr Fälle von Mädchen, die sich auf der schiefen Bahn befinden. Ich will Ihnen das erklären.«

Sie drehte sich in ihrem Sessel zum Fenster.

»Irgendwie hat die Uniform auf Frauen immer schon einen Reiz ausgeübt – auf Männer übt sie ebenfalls einen Reiz aus, doch die können sie tragen, verstehen Sie –, sie verbindet sie mit etwas Heiligem, zugleich mit etwas, das es zu erforschen gilt, sie steht für etwas, dem man sofort Verehrung entgegenbringt und mit dem man doch vertraut sein möchte. Für ein vierzehnjähriges Mädchen – und die Mädchen, die auf die schiefe Bahn geraten, sind jünger denn je zuvor – ist nichts im Leben ihren Träumen so nahe gekommen wie diese Uniformen. Was immer ein solches Mädchen tut, es ist vermischt mit einer Art patriotischem Fanatismus. Und so macht sie sich vor, daß ihre Empfindungen dadurch gewissermaßen geadelt werden.«

»Und wie wollen Sie das verhindern?«

»Ich verschaffe mir Einblick in die Umstände, die eine derartige Entwicklung begünstigen. Nehmen wir doch beispielshalber einmal die Mädchen, die Botengänge machen. Die müssen durch die Hintereingänge der Häuser –

oder jedenfalls hat man mir das mitgeteilt. Wenn ich auf einen solchen Fall aufmerksam werde, schreibe ich an die Firma, die dies Mädchen beschäftigt, und bitte sie, sie durch den Vordereingang zu lassen.

Und außerdem«, fuhr sie in recht bestimmtem Ton fort, »gibt es den sogenannten Herzensbrecher – ein Mann, der sich nicht nur selbst Schaden zufügt, sondern eine Gefahr für die Menschheit darstellt. Ich bin bestrebt, dafür zu sorgen, daß junge Mädchen vor den Bemühungen solcher Männer geschützt werden.

Als erstes muß man die hinterhältigen Bonbonläden mit ihren leuchtend bunten Brauseflaschen und den kleinen Hinterzimmern beobachten; die Pseudo-Filmschulen, die das ihre dazu beitragen, das große Heer jener zu rekrutieren, die Lecky als ›Opfer auf dem Altar der Reinheit der Nation‹ bezeichnete; die falschen ›Theateragenturen‹ und all die anderen Einrichtungen, mit deren Hilfe junge Mädchen ins Verderben gelockt werden.

Sie werden einsehen, daß es wohl kaum eine wichtigere Aufgabe geben kann – außer natürlich der Landesverteidigung.«

»Sind Sie der Meinung, daß der öffentliche Dienst ganz allgemein für Frauen ungeeignet ist?«

»Ganz entschieden. Solche Arbeiten wie die des Straßenbahnschaffners oder auch des Fahrstuhlführers sind für Frauen denkbar ungeeignet; sie sind dort ständig den Pöbeleien der Menge ausgesetzt. Sie werden gewiß sagen, daß seien Frauen doch sowieso. Das ist zwar völlig richtig, doch im gewöhnlichen Leben sind die Frauen eher in der Lage, sich zu wehren.«

»Und was«, sagte ich, »halten Sie vom Verbrechen im allgemeinen? Auf mich persönlich übt es einen starken Reiz aus – ich mag Verbrechen, vorausgesetzt, sie werden gekonnt begangen.«

Sie schüttelte lächelnd den Kopf. »Das hört sich zwar hübsch an, doch ist das natürlich der Blickwinkel des Künstlers. Verbrechen, Mord, Liebe, Haß, das übt alles einen Reiz auf den Künstler aus. Doch wissen Sie«, setzte sie hinzu, »es gibt ja nur sehr wenige Künstler auf der Welt, und die werden an den unvermeidlichen Verbrechen ihr Genüge finden.

Dem Verbrecher, der in einem Augenblick starker Empfindungen, aufwallender Leidenschaften zum Verbrecher wird, verzeihe ich insgeheim immer. Es gibt so wenig Gefühl auf der Welt, daß es selbst dann, wenn es die falsche Methode wählt, um zum Ausdruck zu gelangen, etwas ist, ohne das die Welt nicht auskommen kann. Es gibt so wenig Liebe und folglich keinen wirklich großen, tiefen Haß. Zu wenig Menschen sind von einem ›gewissen finstren Zorn‹ bewegt.«

»Wird denn das Verbrechen jemals ausgerottet werden? Das heißt, werden das Gericht und der Richterstuhl und die Gefängnisse denn jemals überflüssig werden?«

»Nicht, solange die Menschheit unmenschlich ist. Der Galgen hat all den zornigen Regungen nicht den Mund verschlossen und der Strick den allgemeinen Aufschrei der Verzweiflung nicht erdrosselt.«

»Aber ist denn die Ursache der meisten Verbrechen nicht die Armut?«

»Oh ja, die Armut ist das größte aller Übel, weil die Menschen sich nicht darauf verstehen, arm zu sein. Die Armut treibt die Kinder auf die Straße, das wissen wir alle, und von dort aus in die Wirtshäuser, doch warum? Weil ihr Zuhause nicht nur arm, sondern auch schmutzig ist.«

»Seife kostet aber Geld, Mrs. O'Grady.«

»Ich weiß, ich weiß, doch gibt es immer auch welche, die ihre gottgegebene Tüchtigkeit unter Beweis stellen, solche, die den Himmel mit wenig mehr als ihrer nackten Haut erreichen, und diese liebt Er am meisten.«

»›Was alles du an Pein erfahren /
Soll dir das Mark erschüttern im Gebein /
Und dir die Haut aufregen, /
Die vergeßlich über trägen Adern liegt ...‹«

zitierte ich.

Mrs. O'Grady hob ruckartig den Kopf.

»Was ist das?« wollte sie wissen. »Ich liebe die Lyrik auch, doch ach ja!« setzte sie seufzend hinzu, »ich muß lernen, während der Dienststunden nicht von Gedichten zu sprechen.«

»Aber Sie schreiben doch selbst welche, habe ich gehört.«

»Oh ja, das stimmt, doch spreche ich nicht darüber, außer mit sehr nahestehenden Menschen – meinen Töchtern, ein, zwei Freunden, sonst nicht.«

»Trotzdem«, sagte ich, »wie ist es mit:
›Bewundernswerter Mann, wie wohl das Herz dir schlug /
Als du mit kältestarren Gliedern ...‹«

»Ja, ja«, sagte sie und wurde ein bißchen rot, »die bösen Buben von der Presse haben das in die Finger bekommen. Sie haben mich reingelegt, doch das macht nichts. Die Presse hat mich immer wohlwollend und gerecht behandelt. Obwohl ich persönlich der Meinung bin, daß die Zeitungen die öffentliche Meinung nicht mehr entscheidend beeinflussen, wie die letzte Wahl bewiesen hat.«

»Um Himmels willen, jetzt lassen Sie uns bloß nicht vom Thema abkommen – Verbrechen und Tod. Der Tod ist etwas, auf das ich wirklich versessen bin«, unterbrach ich sie.

Diesmal lachte sie herzlich.

»Sie sind ein ulkiges Mädchen«, sagte sie, »Sie lieben das Verbrechen, und nun beten Sie auch noch den Tod an. Ich sehe schon, Sie besitzen eine Künstlerseele.

Das Traurigste an allem ist, daß man wirklich ein ganzes Leben dazu braucht, um einen Menschen zu verstehen, und kein Mensch kann ein ganzes Leben damit zubringen, einen Verbrecher zu beurteilen. Das Verbrechen braucht nur einen Augenblick, die Gerechtigkeit hingegen eine Ewigkeit. Folglich ist das Beste, das wir tun können, das Beste, das der Richter tun kann, ein so guter Menschenkenner zu sein wie möglich, ein Mensch, der fast schon okkulte Kräfte besitzt, jemand, der mit einem Blick all die kleinen Verwicklungen ausmachen kann, die zur Entstehung des Vergehens beigetragen haben.«

»Was halten Sie denn von der Psychoanalyse – Freud, Sie wissen schon?«

»Daran glaube ich nicht sehr. Es geht zu weit – schürft zu tief. Doch ich glaube an den psychologisch aufschlußreichen Augenblick. Erwischen Sie einen Menschen gerade an der Kante, gerade, ehe er den entscheidenden Schritt tut – einen Menschen mit erhobenem Messer, einen, der das Gift schon an die Lippen gesetzt hat, einen, der gleich schießen wird –, und Sie haben eine Chance, ihn zu retten, wie Sie nie wieder eine bekommen werden und wie Sie sie auch bis dahin nicht haben konnten. Das meiste rettet und verliert man stets, wenn es auf Messers Schneide steht.«

»Glauben Sie, daß sich Osbornes Gefängnisreform zugunsten des Verbrechers ausgewirkt hätte?«

»Darauf möchte ich weder mit Ja noch mit Nein antworten. Ich meine, daß seine Vorstellungen gut waren. Ich meine, daß die Gefängnisreform eine gute Sache ist. Doch die Gefängnisse, wie sie früher waren, waren nicht so schlimm, wie sie hingestellt wurden.«

»Was halten Sie denn von einer Verbrecherkolonie – eine ganze Stadt, von einer Mauer umgeben wie China von einer Mauer umgeben ist, in der der Verbrecher seine Bedürfnisse äußern könnte – ein Ort mit Bibliotheken, Plätzen, Rathaus, Oper, Kinos und Gärten, ein Ort, an dem das Verbrechen sich zu etwas jenseits des Verbrechens entwickeln könnte, etwas jenseits von Gut und Böse?«

»Ach ja, auf so etwas kann nur ein Träumer kommen!« sagte sie.

»Trotzdem, können denn Verbrecher und gefallene Frauen uns nicht Dinge lehren, die niemand von uns weiß, Dinge, die uns bereichern würden?«

Und nun überraschte sie mich einigermaßen.

»Ja, sehr viele Dinge«, erwiderte sie, »so kenne ich keine Ehrvorstellung, die so schön wäre, wie, zumindest manchmal, die der Diebe. Ich kenne nichts Schrecklicheres und Tragischeres und Großartigeres als das Empfinden einer gefallenen Frau gegenüber einer anderen, der es genauso ergehen könnte. Das Ehrgefühl unter den Dieben erreicht oft ein geradezu erhabenes Ausmaß, die Bemühungen einer gefallenen Frau, eine Schwester zu retten, haben mich oft zu Tränen gerührt – doch trotzdem können ein solches Ehrgefühl und ein derartiges selbstloses Mitgefühl keinen Platz in unserer Welt finden, können sie keine Bedeutung für die große Masse erlangen, können sie nicht retten oder bessern oder in der großen Welt Gewicht erlangen, die im großen und ganzen ehrenhaft und aufrichtig und edel ist.«

»Trotzdem kann doch in jedem Augenblick jeder von uns zum Mörder werden.«

»Es ist zu Recht gesagt worden, daß wir alle potentielle Verbrecher sind. Es stimmt, daß unsere Umgebung uns überwiegend zu dem macht, was wir sind. Dann müssen wir diese Umgebung eben verändern.«

»Wie denn? Durch den Sozialismus?«

»Bestimmt nicht.« Sie schien ungehalten. »Der Sozialismus hat damit nichts zu tun. Der Sozialismus ist nur wieder der Traum einer bestimmten Gruppe von Menschen, die Mißstände erkennen können, aber keine Vorzüge. Nein, ich glaube, das kann nur durch Erziehung bewirkt werden: Erziehung der Sinne und des Geistes, Erziehung zu dem, was wünschenswert ist, weil es das Beste ist, Erziehung des Herzens; man muß es lehren, an jenen Punkt zu gelangen, wo es keine Mühe, sondern ein Vergnügen ist, auf Dinge einzugehen, die an sich schon edel und weder für das Herz noch für den Kopf anstößig sind.«

»Aber ist so etwas denn möglich?«

»Das wird erst dann unmöglich, wenn man die Menschheit abgeschrieben hat – und das habe ich nicht getan.«

»Und was ist mit dem Tod?«

»Aber das ist ein Thema, über das ich so wenig weiß.«

»Deshalb will ich ja gerade mit Ihnen darüber reden – es ist das einzige Medium, wo man über das Gefühl und nicht über das abstrakte Denken zu einer Schlußfolgerung gelangen muß.«

»Nun, der Tod hat mich immer zutiefst berührt. Warum? Weil er so unausweichlich, so dauerhaft, so unerwartet, so bedrohlich gegenwärtig ist. Warum sehen Sie ihn denn so, wie Sie ihn sehen?«

»Weil es so schrecklich ist, daß all die Heldentaten dahin sein sollen.«

Sie schloß halb die Augen und wendete unablässig eine goldene Pfeife auf dem Handteller hin und her. Als ich mich vorbeugte, erkannte ich, daß es eine Polizeipfeife war und daß ein Abzeichen auf dem Tisch lag.

»Mein Schmuck«, sagte sie, »der einzige Schmuck, den man tragen sollte – als Symbol seiner Bemühungen um die Menschlichkeit. Schmuck ist, nebenbei bemerkt, der erste Fehler, den die Mütter begehen. Sie sollten ihren Kindern das Tragen von Ringen und Halsketten verbieten – auf die Weise ist schon manches Mädchen ins Verderben getrieben worden. Schmuck ist Eitelkeit, und Eitelkeit ist Zerstörung.«

»Und nun erzählen Sie mir etwas über sich selbst!«

»Ich bin Irin, das ist Ihnen wohl nicht entgangen? Ja, direkt aus dem alten Irland. Ich habe 1888 geheiratet, nachdem ich mein Lehrerinnenexamen gemacht hatte. Mein Mann, der ein tüchtiger Buchhalter bei einer Importfirma war, starb 1898, und ich blieb mit fünf Töchtern allein. Ich fing an, Schneiderarbeiten zu machen. Zwei meiner Töchter starben. Es war ein harter Kampf, aber vor der Arbeit war mir niemals bange.

In der Zeit kam ich auf die Idee mit dem Staatsdienst. Ich machte meine Prüfungen, wurde Beamtin auf Probe und diente dann elf Jahre am Gericht in der New Jersey Avenue in Brooklyn.«

»Die meisten Frauen, die mittellos mit einer Familie dastehen, hätten das aber nicht in dieser Weise geschafft. Zu viele Frauen wissen nichts vom Leben und zu vielen fehlen die praktischen Möglichkeiten, sich selbst zu versorgen.«

»Das ist völlig richtig, das ist ja die Tragödie. Ich traue Frauen nämlich sehr viel zu. Besonders denen, die Kinder bekommen haben. Denn durch das Kinderkriegen und -aufziehen erlangt man Lebensklugheit. Mein Rat an alle Frauen ist, zuerst einen Beruf zu erlernen, so daß sie etwas in den Händen haben, und dann erst zu heiraten und eine Familie zu gründen. Eine Frau, die keine Kinder hatte, weiß nicht mehr vom Leben als eine Blinde. Was nicht heißen soll, daß ich der Aufzucht von sechs oder sieben Kindern das Wort rede. Das spielt gar keine Rolle, solange eine nur sagen kann: ›Ich habe geboren‹.

Ich meine, daß Frauen für sehr viele Dinge geeignet sind. Es gibt eine Unmenge von beruflichen Möglichkeiten im öffentlichen Leben, wofür sie geeignet sind. Sie sind ausgezeichnete Sekretärinnen; sie geben gute Kellnerinnen ab; sie sind äußerst gewissenhafte Bibliothekarinnen. Es gibt Hunderte von Dingen, die sie neben der Ausübung des Stimmrechts tun können.

Ich sehe sie jedoch nicht gern eine Arbeit verrichten, die gänzlich unpassend für sie ist, wie ich schon gesagt habe. Die Haushaltsführung ist am Ende doch die Domäne, die sie am besten beherrschen. Haben Sie jemals einen Mann gesehen, der ein Haus in Schuß halten kann? Nein, und der Staat, die Welt, die ganze Verwaltung und das öffentliche Leben – was ist das anderes, als Haushaltsführung in einem ungeheuer umfassenden Sinne? Das heißt allerdings nicht, daß sie nun unbedingt Busfahrerinnen sein müssen, so wie ja auch kein Mensch von ihnen erwarten würde, daß sie Kohle schleppen oder Schweine schlachten.

Zu meiner Arbeit gehören viele Dinge, die nur eine Frau verstehen kann. Man braucht Frauen, um die Versuchungen von Frauen zu verstehen. Deshalb habe ich auch weibliche Detektive. Deshalb hätte ich gern Frauen in jedem Ballsaal und in jedem Kino und im Sommer an den Stränden.

Deshalb würde ich es zutiefst bedauern, wenn man die Frauen aus der Außenwelt entfernte.«

»Und ihre Töchter, Mrs. O'Grady – was halten die von ihrer Mutter?«

»Die finden das höchst anstößig«, sagte sie mit leuchtenden Augen, »daß eine Frau in meinem Alter im Polizeipräsidium sitzt und nur darauf wartet, helfend einzuschreiten, wenn jemand in der Patsche sitzt. Doch ich liebe meine Arbeit, und ich glaube, ich habe nicht einen einzigen Feind auf der Welt!«

»Und jetzt«, sagte ich, schon in Türnähe, »sagen Sie mir noch, was sie von den Russen halten?«

»Ach«, seufzte sie und wandte sich wieder ihren Akten zu, so daß ich nur noch den Scheitel in dem hübschen weißen Haar sah, »Tolstoi gefällt mir ein bißchen besser als irgend etwas sonst auf der Welt.«

NEW YORK SUN MAGAZINE, 24. MÄRZ 1918

DER ›WAR CAMP COMMUNITY SERVICE‹ SORGT FÜR UNSERE JUNGS

Wenn man durch Manhattan läuft, fallen einem kleine Schilder auf, auf denen es heißt: ›Nur für Soldaten und Matrosen‹ und darunter: ›New York War Camp Community Service‹. Wenn man sich erkundigt, erfährt man, daß es sich bei diesen Lokalitäten um Klubs handelt, wo Soldaten und Matrosen lesen, essen, schreiben und sich die Zeit damit vertreiben können, daß sie mit ihren Kameraden plaudern, sich die neuesten Jazz-Platten anhören oder sich auf andere Weise vergnügen.

Ich fragte Rowland Haynes, den Leiter des zuständigen Ausschusses, wie diese Einrichtung denn ankomme. Er erklärte: »Was wir zu tun versuchen, was wir getan haben, unterscheidet sich ein bißchen von der sonstigen Kriegsarbeit. Wir sind bloß Verwaltungsbeamte der Anlaufstelle, wo die Rekruten, die durch New York kommen, zusammengefaßt werden sollen.

Wir sind aus dem hervorgegangen, was früher als die Spielplatz-Vereinigung bekannt war. Die Geldmittel, die zum Bau von Kinderspielplätzen benutzt wurden, werden jetzt dazu benutzt, einen Spielplatz für unsere Soldaten zu schaffen. Unsere Unternehmung wurde von Vertretern des Ausschusses für die Ausbildungslager und damit vom Kriegsministerium und vom Marineministerium organisiert, und sie hat nur ein einziges Ziel: die Unterhaltung und Versorgung des Mannes in der Khakiuniform.

Wir haben erst letzten September angefangen, doch es gehen bereits zehntausend Männer wöchentlich durch unsere Hände. Ich möchte Sie nicht mit Zahlen langweilen«, fuhr er fort, »doch selten sind Zahlen so angebracht wie in diesem Falle. Der Krieg ist eine Angelegenheit von Zahlen, die Armee ist eine Sache von Zahlen, und während der letzten Jahre haben wir überhaupt nur in Zahlen gedacht.

Von Mitte September bis Mitte Januar haben dreitausend Rekruten in den vier National-Service-Clubs des WCCS zu einem Preis zwischen 25 und 50 Cent Unterkunft erhalten. 71 000 haben Gebrauch von den Clubräumen gemacht, und über 30 000 Männer haben sich die gesunde Hausmannskost zu einem minimalen Preis schmecken lassen.

In Kürze lasse ich Sie von Mr. Cupp zur Einheit Nr. 5 in der West Twenty-Seventh Street hinunterbringen, zu dem Hotel, das früher Earlington hieß und das die Metropolitan Life Insurance Company uns gegen Versicherungsgebühren und Steuern überlassen hat. Und da muß ich auch gleich wieder mit Zahlen aufwarten. Das Hotel hat neun Stockwerke, und auf jedem Stockwerk gibt es zehn Bäder, neben einem Bad zur allgemeinen Verfügung. Das Fassungsvermögen beläuft sich auf 900 Gäste, obwohl Samstagsabend manchmal sogar 1200 dort untergebracht sind.« Er lachte ein bißchen. »Besonders beliebt sind die schönen, weichen Sofas, die zu den Salons gehören.«

»Ist der Andrang nicht manchmal einfach zu groß?«

»Oh ja. Dann springen die Kirchen ein und räumen ihre Sporthallen. Wir liefern die Feldbetten, und ein paar Damen machen sich anerbötig, sie zurechtzumachen und dafür zu sorgen, daß alles seine Ordnung hat.«

»Und was«, sagte ich, »mögen die Jungs denn Ihrer Meinung nach am liebsten?«

»Tanzen.«

»Und Ihre Lieblingsbücher?«

Er schüttelte den Kopf. »Vom Lesen halten sie nicht viel. Sie müssen bedenken, sie sind nur kurze Zeit in der Stadt, und da scheint Lesen so ziemlich das einzige zu sein, womit sie nichts im Sinn haben.«

»Ist das nicht einigermaßen seltsam?«

»Eigentlich nicht. Die Jungs sind überwiegend keine Stadtkinder. Sie sind hier, um New York anzugucken. Die sind schon mit sehr wenig zu erfreuen; eine Busfahrt oder eine Show ist für sie so ziemlich die Erfüllung aller Wünsche.«

»Aber der Stadtjunge?«

In seine bedächtig blickenden Augen trat ein humorvoller Schimmer. »Der kreuzt bei Mamie oder Mabel auf, und das wär's dann. Alle Stadtjungen haben ihre Eltern oder ihren Schatz, und das entzieht sie völlig unserem Einfluß.«

In diesem Augenblick eilte H. D. Robins herein, ein kleiner, flinker Mann mit grauem Haar und einem langen, schwarzen Band, das an einem eindrucksvollen Kneifer befestigt war, der jeden Augenblick herunterfallen zu wollen schien. Energisch gestikulierend, führte er eine Gruppe sehr junger Mädchen an, die »diese Abrechnung da vor dem Essen fertigmachen« sollten. Dann wandte er sich Mr. Haynes zu und fragte hastig etwas wegen eines Plakats, eines Mannes aus Washington, wegen Mr. Taft – jedenfalls war ich mir sicher, den Namen Taft verstanden zu haben –, wegen der letzten Aufnahmen vom Schreibzimmer des Klubs, wegen der Freikarten der Jungs für irgendeine Theatervorstellung, und schoß schließlich wieder hinaus mit dem Ausruf: »Meine Güte, und die Armee wird mit jeder Minute größer!«

»Vier große festliche Veranstaltungen hat unser Dienst während der ersten vier Monate durchgeführt«, fuhr Mr. Haynes fort. »Wir haben ein Thanksgiving-Essen in der Waffenkammer des 12. Regiments ausgerichtet und drei

Bälle im Grand Central Palace. Inzwischen haben wir die Möglichkeit geschaffen, daß jeden Samstagabend eine Tanzveranstaltung in Khaki und Blau mit allem Drum und Dran für 1200-1500 Männer stattfindet.«

»Wie beschaffen Sie denn die Partnerinnen für die Jungs?«

»Ein Teil der Damen meldet sich von sich aus, ein Teil ist von der Girls Patriotic Service League, und ein Teil kommt von anderen Clubs. Alle in Begleitung von Anstandsdamen, wie sich's gehört, und alle, Jungen wie Mädchen, amüsieren sich prächtig.«

»Erzählen Sie mir etwas über das kostenlose Sonntagsvariéte.«

»Wir haben beim Forty-fourth Street Theatre begonnen, sind dann zum Harris gewechselt, als nächstes zum Casino, und nun sind wir beim Astor. Unsere einzige Eintrittsgebühr ist die Khakifarbe; unser Motto lautet: ›Deine Uniform ist dein Passierschein‹.

Wir haben Namen auf unserem Programmzettel gehabt wie Percy Grainger, der jetzt Mitglied der Fort Hamilton Band ist; Louise Homer, Laurette Taylor, Frank Tinneyk, George Cohan, James J. Corbett und Constance Collier. Und bei dem Namen Corbett fällt mir unser erster Versuch ein, die Jungs zu unterhalten: Wir haben im Arsenal einen Boxkampf veranstaltet, und der hatte nicht den Erfolg, den wir uns versprochen hatten.«

»Und wie erklären Sie sich das?«

»Das erinnert sie ans Camp, und die sind nicht auf Urlaub, um sich ans Camp zu erinnern, das können Sie mir glauben! Sie sind in die Stadt gekommen, um ihren Spaß zu haben, um etwas Unterhaltendes geboten zu bekommen, und Kämpfe sind etwas, das sie alle Tage haben können. Für Männer, die in großer Zahl zusammenleben, liegt es nahe, Ring- und Boxkämpfe durchzuführen. Als wir also diesen Kampf veranstaltet haben, drehten sie die Köpfe weg und gähnten.«

Ich besann mich auf etwas, das ich über diese Angelegenheit gelesen hatte und das mit der Feststellung endete, jeder Junge habe eine Tüte Süßigkeiten bekommen. Das kam mir recht ausgefallen vor, wenn man bedenkt, daß Jungen zu Hause Süßigkeiten stets mit verächtlichem Schnauben zurückweisen.

Schließlich brachte Mr. Cupp mich zum Hotel, und dort lernte ich Henry F. Lutz kennen, den verantwortlichen Leiter des Hauses. Er fühlte gerade einem Soldaten auf den Zahn – oder anders ausgedrückt, er unterzog ihn einem Kreuzverhör, um herauszufinden, ob sein Gesuch, ihm eine Eisenbahnfahrt zu bezahlen, auf Ehrlichkeit beruhte, oder ob es sich um eine der vielen Schwindeleien handelte.

»Eine Menge Männer tragen die Uniform, die kein Recht darauf haben«, sagte Mr. Lutz. »Sie nehmen die Dienste unseres Ausschusses in Anspruch und erschwindeln sich Mahlzeiten und freien Zutritt zu den Veranstaltungen, und mit denen verfahren wir sehr streng. Doch oft gibt es auch solche, die überfallen worden sind, die Eltern haben, die sie wegen eines Krankheits- oder Todesfalles sehen müssen, und die unterstützen wir mit Geld aus dem sogenannten Notfallfond.«

Ich hörte jedoch nicht richtig zu, denn mein Blick wanderte umher und tat sich in meiner Umgebung um. Lange schwankende Spruchbänder mit solchen Bekundungen wie: ›Du kaufst die Kriegsanleihe, ich werde kämpfen‹ und ›Drückeberger unerwünscht‹ regten sich an den Wänden. An den offenen Erkerfenstern in der Halle saßen drei Matrosen, der eine las, der zweite döste, und der dritte starrte einfach nur auf die Straße hinaus. Ein Plattenspieler spielte Variationen von ›Pom-Pom‹. Ein Negerkellner kam, leicht schwankend, mit einem Eimer vorbei. Ein Angestellter der Rezeption sortierte Freikarten, während ein anderer einem Mann in Khaki einen Brief von seinen Verwandten überreichte.

In den schummrigen Tiefen eines langgestreckten Hinterzimmers saßen fünf oder sechs Soldaten an einem riesigen Tisch. Einer zeigte die anrührende Haltung eines in sich versunkenen Menschen, der nachdenken und schreiben muß; im Gesicht eines anderen stand jener vage, glückliche Ausdruck, der im Frühling überall anzutreffen ist. Plötzlich unterbrach Mr. Lutz' Stimme meine Meditation mit der Bemerkung, daß das dort sechs Jungen seien, die wir womöglich nicht wiedersehen würden.

»Sehen Sie den Tisch da?«, fuhr er fort, »Den haben wir von einer sehr reichen Frau für die Jungs bekommen. Darauf ist so manches Festessen aufgetragen worden, so manches Glas Wein ist auf seiner Mahagoniplatte verschüttet, er hat so manches Liebesgeflüster mitbekommen ...« Er verstummte. »Und nun?« Das tiefe rhythmische Schnarchen eines Gefreiten durchdrang die Lobby mit einem traurigen, doch friedvollen Gegrummel. »Der denkt nicht an die U-Boote«, sagte eine Stimme neben mir. Es war einer der Jungs.

»Sagen Sie mir«, sagte ich zu ihm, »woran denken Sie denn jetzt alle so? Was hat sich denn für Sie verändert, seit sie beim Militär sind? Was denken Sie denn, wenn Sie im Camp, wenn Sie auf Urlaub sind?«

Er grinste. »Na, manche von den Kerlen denken wohl an die Mädchen, aber ich nicht. Ich denke daran, daß ich meinen Spaß haben, irgendwo zu netten Leuten zum Essen nach Hause gehen möchte – wir werden nämlich oft eingeladen. Das macht den meisten von uns am meisten Spaß.«

»Aber woran denken Sie denn noch? An den Krieg?«

Er grinste wieder. »Eher nicht. Was hätte das denn für einen Sinn, schon an Krieg und Tod zu denken, ehe wir das müssen, ehe das eintritt, was uns dazu zwingt? Und wenn es erstmal soweit ist – na dann wird uns das Denken sowieso abgenommen.«

»Aber sehen Sie das Leben denn nicht mit anderen Augen an? Das ist doch etwas sehr Seltsames, was Ihnen da passiert ist. Vielleicht sind Sie ja Lieferwagenfahrer, vielleicht ist Ihr Kumpel ja Chemiker und sein Kumpel vielleicht wieder Tagelöhner, und der vierte ist vorher vielleicht Bettler gewesen – hat das keine Auswirkungen auf Ihre Vorstellung vom Leben, daß die Hand des Schicksals Sie zum erstenmal alle auf einen Haufen wirft?«

»Keine großen«, sagte er, »wir mögen uns entweder oder nicht, das ist schon so ziemlich alles – genauso wie es vorher war, im alltäglichen Leben.«

Ich mochte mich damit nicht zufriedengeben und stellte Mr. Lutz dieselbe Frage.

»Sie denken sowieso nicht viel«, erwiderte er, »das sind ja keine Philosophen oder Träumer oder Künstler. Das sind ganz gewöhnliche gesunde Jungs, die wir auch gern weiter so haben wollen, denn die Armee, die einen Sturmangriff vorhat, braucht die besten überhaupt, das steht außer Frage.«

»Werden sie nicht mehr oder minder religiös?«

»Sie verändern sich nicht.«

»Das überlassen wir unseren Leuten zu Hause«, sagte der Junge.

»Die Teilnahme am Gottesdienst hat zugenommen, seit sie den Jungs nicht mehr aufgezwungen wird«, fuhr Mr. Lutz fort. »Die Kirche bietet ihnen vielleicht ein Essen und ein Unterhaltungsprogramm, doch deswegen braucht keiner von den Jungs zu bleiben, wenn er nicht wirklich will, und seitdem hatten viel mehr Lust dazu. Dahinter steckt eben nicht der Gedanke, daß die Jungs dies oder jenes tun müssen, sondern einzig die Idee, daß man ihnen Unterhaltung und Zeitvertreib anbieten will, so daß sie nicht in irgendwelche Schwierigkeiten geraten.«

Er überreichte mir einen Armvoll Literatur und erklärte: »Das hier wird an Bahnbeamte, an Polizisten, an Clubs, an die Männer, die den Jungs Urlaub geben, verteilt, so daß sie, noch ehe sie losfahren, wissen, wohin sie sich wenden können, sich gleich gut aufgehoben fühlen, wenn sie ankommen, und schon bei der Abfahrt wohlgemut sind. In diesen Broschüren sind die Adressen sämtlicher Einrichtungen, wo man nichts braucht als die Uniform, um willkommen zu sein. Anschriften von Kirchen, Theatern, Clubs, öffentlichen Badeanstalten, Anschriften aller Art, wo man sie freundlich aufnehmen wird.

Wir bekommen jeden Tag viele Anrufe von Familien, die gern ein, zwei, drei oder auch mehr Soldaten zu sich nach Hause zum Essen einladen wollen. Die Theater schicken uns siebzig oder hundert Freikarten auf einmal zum Verteilen, und die Jungs müssen lediglich die Kriegssteuer bezahlen.«

»Und gehen die Jungs lieber allein oder lieber paarweise zu diesen privaten Essen?«

»Die Jungs hassen das, ganz allein in ein fremdes Haus zu gehen. Die sagen immer: ›Oh schön, aber kann ich nicht mit jemand zusammen hingehen?«

»Welche Art Aufführung mögen sie denn am liebsten?«

»Ach, Variéte, Parodien. Ich habe einem jungen Kerl eine Karte für ein Violinkonzert gegeben, und als er zurückkam, habe ich ihn gefragt, ob er sich gut unterhalten hätte, und da hat er geantwortet: ›Bestens. Ich habe das ganze Programm durch geschlafen.‹ Und dann sagte er noch: ›Mann, das muß ja ein großer Geiger gewesen sein, der hat die ganzen anderthalb Stunden, als ich geschlafen habe, durchgegeigt‹.«

Es dauerte nicht lange, Mr. Lutz diktierte nur eben noch ein halbes Dutzend Briefe, kümmerte sich um eine ganze Schar von Neuankömmlingen und trug deren Namen und Adressen ein, dann führte er mich hinauf, damit ich mir die Zimmer der Jungs ansehen konnte.

Ein langer, nach Desinfektionsmittel riechender Saal nach dem anderen, Flure, die von den Schritten eines Farbigen widerhallten, der mit dem ewigen Eimer und Schrubber unterwegs war, und dann die Zimmer mit ihren sechs, acht oder zehn Schlafplätzen, an denen jeweils ein Handtuch lag. Es gab schmale Eisenbetten mit Laken und Armeedecken, ein paar grüngestrichene Spinde an den Wänden und auf der einen Seite ein Badezimmer mit einer weißen, blitzenden Wanne.

»Da schlafen die Jungs«, sagte Mr. Lutz.

Da fiel mir etwas ein. »Schlafen die denn immer alle gut?«

»Der Krieg selbst hält sie niemals wach – und der Tod beunruhigt sie nicht sehr. Manchmal werden sie natürlich melancholisch und wollen nicht essen, doch das passiert nur dann, wenn sie als dienstuntauglich aus der Armee entlassen worden sind und unbedingt in den Kampf wollen.

Einmal hatten wir so einen Fall. Ein junger Bursche, schrecklich netter Kerl – ich nehme an, eher ein Idealist –, wollte nicht essen, wollte nicht schlafen und mußte schließlich ins Krankenhaus eingeliefert werden. Es nützte alles nichts, wir konnten nichts dagegen machen, er hatte etwas an der Lunge, und er hätte seine Kameraden nur behindert.«

Wir durchschritten langgestreckte Gewölbe, die früher der Weinkeller des Hotels gewesen waren, und gelangten an die Kantinenbar, die früher die Bar ohne Kantine gewesen war. Am einen Ende waren Teller, Tassen, Gabeln und Messer, Papierservietten und Gläser gestapelt, während an der Seite eine Kiste mit Zigaretten stand. An einer Säule hing ein Schild, das besagte, hier sei für dreißig Cent von fünf bis neun Uhr dreißig ein Frühstück zu haben, das aus Speck oder Schinken und Eiern, Porridge und Milch, Brötchen, Butter und Kaffee bestand. Diejenigen, die nicht ganz soviel Appetit hatten, konnten ein Frühstück aus Porridge und Milch, zwei Brötchen, Butter und Kaffee für zehn Cent haben.

NEW YORK SUN MAGAZINE, 19. MAI 1918

NAVY YARD SIEDET VOR UNERLEDIGTER ARBEIT

Gegen Ende des Jahres 1913, als Europa den Krisenausbruch erwartete, baute die U.S. Navy Kriegsschiffe. Die ›New York‹ war ihr bis dahin größtes überhaupt und das erste Kriegsschiff mit Vierzehn-Zoll-Kanonen.

Wegen ihrer äußerlichen Ähnlichkeiten mit der ›Dreadnought‹, die 1906 in Großbritannien gebaut worden war, wurde die ›New York‹ als ›Super-Dreadnought‹ bezeichnet. Sie wurde im darauffolgenden Frühjahr in Dienst gestellt.

Wieviel Seiten hat ein Schlachtschiff? Zwei?

Nein, drei, denn es hat auch noch eine ästhetische Seite. Wieviele Bedeutungen kann man wohl der Existenz eines Schlachtschiffs beilegen? Nur eine, sollte man meinen: das Bestreben zu töten. Und doch kann die Hülse, die jetzt im ziegelbefestigten Hoodoo Dock Nummer 4 liegt, ihren Bug der Sonne entgegenstößt, der in Grau den Namen ›New York‹ trägt, auf vielfältige Weise gedeutet werden. Sie wird gebaut, um Leben auszulöschen, wenn es nötig ist, und dabei drückt ihre Konstruktion, ihre ganze stattliche Gestalt doch das Empfinden aus, daß das Leben kostbar ist, denn sie schützt ihre Fracht mit stolzen 575 Fuß Eisen.

Man frage die Matrosen, die um sie herumstehen, die im Sonnenschein oder dem Dunst eines frühen Morgens lächeln, die Arme unterschlagen oder auf Eisenbergen sitzen und mit den Beinen baumeln – man frage sie, was das Schlachtschiff ›New York‹ bedeutet, und sie werden antworten: »Sechs Millionen Dollar«.

Sechs Millionen Dollar, doch sieht es eigentlich danach aus? Dies graue

Ding in seinen Schlachtfarben, dies schiefe, nahezu menschliche Ding, das zwei Masten emporreckt, triumphierend in seiner Unvollständigkeit, wie ein Mann, der liebt und keine Arme hat? An Tauen von ihr herabbaumelnd, laufen Männer über die schwankenden Plattformen, unter einer Ladung frischer Farbe taumelnd, und stupsen die bleigrauen Wangen mit einem klatschenden, stinkenden Pinsel – von dem Glanz und Ehre und Souvenirs auf ihre zerlumpten Kleider tropfen. Mit jedem Spritzer der Borsten rücken sie das Kriegsgewand zurecht. Die finster entschlossenen, gleichausgerichteten Kanonen weisen wie drohende Finger. Darunter beugen sich Männer nieder und weichen einer roten Salve Blitzstrahlen aus, die unter einer Million Stakkato-Schlägen zu Nieten werden. Überall gießen Matrosen Wasser aus und wringen den Mop, um die Spuren wegzuscheuern, die die Teertöpfe hinterlassen.

Ja, sechs Millionen Dollar und zwei Jahre Bauzeit, und im März wird sie auslaufen. Und weshalb liegt sie im Unglücksdock? Weil sie einen Anstrich braucht, und Dock Nr. 4, früher Treibsand und gierig nach Menschenopfern, Ziegeln, Beton und Holz, hält sie jetzt sicher und fest.

An der Umgebung des Schiffes ist nichts, das auf seine besondere Bedeutung schließen ließe. An Land drängen sich fröstelnde Männer um ein Feuer aus heißem Teer und Holzscheiten und wärmen sich die Hände. Matrosen schlendern umher und erzählen von fremden Ländern, schlendern umher und sprechen von fremden Himmeln, schlendern umher und sprechen vom Krieg, während ihre weißen Mützen im Licht aufleuchten. Sie nennen sie manchmal liebevoll ›Kummerdeckel‹, weil sie so oft gewaschen werden müssen. Wenn einer in den Krieg zieht, muß er eine weiße Mütze tragen, so er Matrose ist, und um eine weiße Mütze tragen zu können, muß er häufig waschen, und so waschen die Männer denn. Irgendwann werden sie dann einen Heiratsantrag machen und sich eine Wäscherin fürs Leben sichern, doch fürs erste schieben sie ihre Mütze lässig übers Ohr und vergessen alles bis auf das blendende Sonnenlicht, das auf ihren Brauen liegt.

Wenn Pause gemacht wird, spürt man die Bedeutung des Schiffes. Gönnt man seinen Decks nur einen flüchtigen Blick, merkt man kaum, welch gewaltiges Potential an Arbeitsplätzen es darstellt. Sechshundert Männer strömen um zwölf herab, um die Mittagspause zu nutzen. Manche kommen nur ›an Land‹, um etwas Abwechslung zu haben, und essen ihr Mittagbrot auf Stößen von Bauholz sitzend. Manche sitzen auf der Dockkante und werfen ihren hungrigen Spiegelbildern Krümel zu. Andere scharen sich zu einem Schwatz zusammen und erzählen, was sie mit sechs Millionen Dollar machen würden, wenn sie sie hätten.

Und dann muß man den Navy Yard auch noch als Ganzes betrachten – als Hintergrund für den Bau unserer Kriegsschiffe; zwei steinerne Säulen, zwei

Bootstaufe im Brooklyn Navy Yard, 1929

unbewegliche Marmoradler obenauf; ein kurzer Abhang nach innen von der Straße her, der gewöhnlichen Uferstraße mit ihrer Eckkneipe –, und man ist von 1913 abgeschnitten, so als habe Vater Zeit die Sichel einmal andersherum geführt. Man spürt, wie einen das Glühen des roten, rechteckigen, ziegelgepflasterten Hofs im Innern des Yards rosig färbt. Man erblickt grünes, mit Ziegelsteinen ummauertes Gras, niedrige Ziegelgebäude, unaufhörlich wiederkehrende Schilder mit der Mahnung ›Kein Durchgang‹ und ›Keine Durchfahrt‹; halbgeöffnete Türen, die Einblick gewähren; gebückte Gestalten und eine lodernde Flamme, Dampf und Staub und Maschinengesumm und das gedämpfte Bumpern gezügelter Maschinenkraft, die unter der Peitsche grollt; Dachsparren, die den Rauch knuffen, bis er sich beugt, und indem er das tut, auch schon aus Tür- und Fensteröffnungen hinauswabert, um sich in der Luft zu verdünnen und gänzlich zu verlieren, ehe er noch das Weite gesucht hat. Man überquert Straßen mit verschlungenen Schienensträngen und entsetzenerregenden, flinken, unsichtbaren Loren, in Spielzeuggröße, aber doch bedrohlich, wenn sie um die Ecken biegen und wie graue Mäuse vorbeiflitzen und durch die Passagen der rotgepflasterten Stadt huschen.

Und die Matrosen, mit ihrer ganzen Unverschämtheit schwanken sie Arm in Arm und redselig die Straße hinab und zerstückeln den Highway des Lebens mit flatternden Kragen und Hosenbeinen und dem Schlag, den die See ihnen verleiht. Zivilisten, die sich dort nie und nimmer heimisch fühlen können, pieren an ihren Nasen entlang zu den Füßen hinab und betrachten neugierig die Ziegelsteine, auf denen sie stehen. Sie werden niemals wirklich heimisch in der schmucken, kolonialen, altmodischen Welt des Yard, denn wenn auch niemals Reifen über den Rasen rollen, wenn auch niemals das seidenbestrumpfte Bein eines Galans gemächlich einhergeschritten kommt, so herrscht dort doch immer noch eine Reglosigkeit, eine Lautlosigkeit, eine Abgeschiedenheit, die scheinbar in der Obhut der Kanonen ist. In die vier Winkel der Erde zeigen sie – nach Osten, nach Westen, nach Norden, nach Süden – und hüten das Gras einer stummen Stadt; mit weitgeöffneten Mündern schlagen sie den Geist der Hektik, der in Amerika herrscht, vernichtend in die Flucht, und nichts stört den Frieden jenseits des Gemurmels, das dem Herzen aller Dinge innewohnt.

Verloren, wiewohl riesig, grüßt der ›kluge Wal‹ den Besucher. Sie machten ihm Löcher als Augen, und er konnte nicht sehen. Sie machten ihm einen Mund, und er konnte nicht atmen. Sie bliesen ihm Leben ein, und er regte sich nicht. Sie schnitzten ihn nach dem Bilde des Seeungeheuers, doch wenn der Wal immerhin genug Seele hat, um am Leben zu bleiben, und dabei Augen, die nicht intelligenter sind als die Seeblumen, auf die sie starren, so konnte der Mensch ihn doch nicht zu einem vollwertigen Lebewesen machen und als solches erhalten.

Das ist der einzige Fehlschlag des Yard. Alle anderen Dinge atmen in tiefen Zügen, die von Wichtigkeit künden. Der Yard knistert vor Wichtigkeit; die Matrosen prickeln vor Wichtigkeit; die Soldaten werden davon prickeln. Alle Schiffe, große und kleine, kommen auf Zehenspitzen herein. Die Docks spüren es; die Reglosigkeit der Luft zeugt davon. Die Männer spüren es, und das Schlachtschiff ist die personifizierte Macht. Und doch haftet dem Ganzen etwas wie Unvollständigkeit an: da ist Macht, doch ungenutzte; da ist Größe, doch ungekrönte, da ist Eroberungshoffnung und doch Ungewißheit. Welchem Schicksal wird dies neue Schiff, die ›New York‹, begegnen? Wie werden ihre Annalen aussehen? Wozu, wenn nicht für den Sieg, ist sie in diesen Jahren erbaut worden, und doch, wer kann schon sagen, wie ihre Bestimmung letztendlich aussehen wird?

Vorerst ziehen sie ihr noch den Waffenrock an, diese winzigen Männer dort unten – einen Eimer für diese Panzerplatte und ohne Säumen ausgeholt, denn dies ist Friedensarbeit; eintauchen – ausholen – klatsch, und du weißt, daß du einem Navy-Captain die Epauletten auf die Schulter heftest. Laß es weiterklatschen, und du weißt, du bestickst den Rock des Herrn der Meere, des jüngsten in den Augen der Menschen. Das ist der Anblick, den wir alle anstarren, doch was daran betrüblich ist, der Mann auf dem Kran sagte es, kurz bevor er seine letzte Ladung Kohle emporhievte: »In sechs Monaten wird die Welt sie vergessen haben und ihre Bewunderung ebenso schnell etwas anderem zuwenden.«

BROOKLYN DAILY EAGLE, 21. DEZEMBER 1913

KOMM IN DEN DACHGARTEN, MAUD

Vor der Erfindung der Klimaanlage lag die Aussicht auf die New Yorker Hitze wie eine heiße Decke auf dem lebhaften Geschäft der Tanzlokale. Seit einiger Zeit schon waren Dachgärten beliebte Eßlokale gewesen, und als ein Hotel den Tanz auf dem Dach einführte, wo man in den Genuß einer frischen Brise kam, strömten die New Yorker dankbar herbei. Ob die Brise nun durch eine Kuppel hereinkam, die mit Netzen bespannt war, um Insekten abzuhalten, oder durch die Fenster eines ›Dachgartens‹, der eigentlich das oberste Stockwerk eines Hauses war, sie ermöglichte es eingefleischten Tänzern jedenfalls, durch den Sommer 1914 zu gleiten. Selbst die besten Hotels, eingeschlossen das Waldorf Astoria und das Ritz-Carlton, lockten mit Dachgartentanz, während es dem Plaza gelang, seinen Garten im Erdgeschoß beizubehalten.

Unter den beliebtesten Unterhaltungskünstlern in Dachgarten-Shows war ein Tanzduo, die Dolly Sisters, deren glanzvolle Auftritte noch die ihrer Konkurrenten, der Vernon Castles[11]*, übertrafen. Aus Ungarn stammend, errangen Jenny und Rosie – wie sie in Amerika hießen – Ruhm als Tänzerinnen, traten jedoch auch als Sängerinnen und Schauspielerinnen auf. Ein Film über ihr Leben (mit Betty Grable und June Haver in den Hauptrollen) entstand in den 40er Jahren.*

Als erstes kommt der Eintritt in die Atmosphäre.

Und diese, die Atmosphäre eines Dachgartens, besteht aus weicher Juniluft, goldenem Junizwielicht, einem erklecklichen Prozentsatz hochgehängter Laternen und der Musik verborgener mechanischer Vögel, die im Gewirr von Papierglyzinen fünfzig Fuß hoch hin und her schwingen, wo, zwischen schützenden Glasscheiben, die Leuchtreklamen zuzüglich einiger Sterne des Broadway strahlen.

Auch fehlt es nicht an Gottes Gnade. Da ist irgend etwas Großartiges im Gange, das über einem Fernschuß aus dem Champagnerkübel waltet und ihm den kleinsten Übergriff auf die Tanzfläche verwehrt.

Was jedoch wirklich fehlt, ist ein gewisser Sinn für Humor. An einem ganzen Abend auf einem Dachgarten gibt es keine zehn Leute, deren

Organismus ein herzhaftes Lachen hergäbe. Natürlich findet Humor hier auch nicht eben überreiche Nahrung. Hier mustern die Leute zu häufig und zu lange die Speisekarte, um dem Humor den nötigen Spielraum zur Entfaltung zu lassen. Eine Frau ist eine schrecklich gutaufgelegte Begleiterin und will sich amüsieren, und ihr Begleiter hat alle Hände voll damit zu tun, aus diesem Abend den Abend aller Abende zu machen.

»Das«, sagt sie ganz zu Anfang der Unternehmung, »ist das häßlichste Kleid, das ich je gesehen habe. Überall geschlitzt, wo sie sich besser zurückhalten, und überall gebauscht, wo sie ihre Figur betonen sollte; überhaupt kein Arm, überhaupt keiner.«

»Stimmt daran irgend etwas nicht?«

»Gar nichts«, sagt sie mit hochgehaltenem Lorgnon, »gar nichts stimmt daran. Warum entwickeln die Frauen bloß beim Anziehen keinen Sinn fürs Dekorative?«

»Aber du weißt doch«, sagt er besänftigend, »sie sind eh ungeheure Magneten. Sie besitzen Anziehungskraft.«

Und so ist er denn wie ein blinder Tor in die Geschichte eingetreten, wie einer, der nicht das geringste Gespür für Ordnung hat oder für das Gesetz, das den Dingen, die recht und billig sind, am nächsten kommt.

Und doch hat er recht. Da ist eine Anziehungskraft. Alles auf und an einem Dachgarten, von den kleinen weißgrünen Streichholzhaltern bis zu den weitgespannten Bogen aus rotem Licht, ist Anziehung. Manchmal appelliert es an die Schweigsamkeit, manchmal appelliert es an das Lachen; oft ist es ein Appell an die Hilfsbereitschaft.

Schrecklich anziehend ist die sanfte Mélange der französischen Schwestern, der von knapp einem Meter Seide umwundenen, mit ihren großen, verständnisvollen Augen, ihren breiten, weniger verständnisvollen Mündern, die großzügig Raum für Rouge lassen. Anziehend das Füßchen, das auf den Tango wartet. Anziehend auch das verdrossene, unbeugsame Schweigen der Anstandsdame, die spürt, daß ihr hier nichts anderes bleibt als die Aufrechterhaltung ihres Schicklichkeitsgefühls.

Ein typischer Dachgarten ist der ›Jardin de Danse‹. Es ist zumindest der beste im Hinblick auf sein reiches Angebot an spektakulärem Tanz, der Berufstänzer ebenso wie jener, die hinaufgehen, um es ihnen gleichzutun – wenn sie können.

Außerdem gibt es den 50-Meilen-Look. Lassen Sie mich das erklären.

Leute von außerhalb können dies nicht verbergen. Selbst solche, die es bis nach Haus nicht weiter haben als bis zur Bronx, verbergen das höchst unzulänglich. Die In-der-Wolle-Gefärbten, diejenigen also, die hierher zu gehören scheinen, sind die, die im Hotel gegenüber oder in der Wohnung gleich um die Ecke oder allenfalls fünf Blocks entfernt wohnen.

Nicht eingeschlossen Judy O'Grady, die oben auf dem Dachgarten tanzt, wo die Wäsche der Kinder und des Mannes in der Brise einer Hintergasse im Winde schwingt. Das ist einer der Orte am Broadway, wo das Geräusch eines Taxis etwas Persönliches ist.

Und nun beginnt die Kapelle zu spielen.

Der Kapellmeister, eine riesig emporragende Gestalt im weißen Flanellanzug, steht knietief in grünem Laub, das falsch sein mag oder auch nicht, doch jedenfalls ungeheuer nach geschossenem Spargelkraut aussieht – zart und grün und buschig, eine sanfte Begleitung für ein furchtsames Paar Beine. Auf und ab und seitwärts fährt der kleine Taktstock; und auf und ab und seitwärts fahren Kopf und Bogen des Geigers, und hinauf und hinaus geht die ringende Brust des Kornettisten. Und die Chalmers' und die De Vans aus Yonkers schweben auf den Tanzboden hinaus, während die ästhetischen Vierhundert (die sich nur jenes Körperteils bewußt sind, an dem Geld in Aktien und Pfandbriefen ruht – des Brustbeins, wo die Perlenketten hängen, der eng von unschätzbar wertvollen Edelsteinen umgürteten Taille, der Schnallenschuhfüße, der Finger und der Hände, die das spröde Champagnerglas mit tiffanyberingten Fingern halten) eine Sekunde warten, ehe sie sich erheben, denn zu spät kommen heißt schick sein, zögern heißt hochmütig sein. »Irgendwann mache ich auch so ein Tanzlokal auf. Ich finde, die Lokale entlang der Avenue haben noch nicht die angemessene Aufmerksamkeit gefunden. Warum soll man im Blue Room nicht auch so eine Tanzfläche haben?«

»Was ist denn?« sagt jemand an einem benachbarten Tisch, und eine Stimme dringt einem hoch und weiblich über die Schulter.

»Ich leide. Ich bin unglücklich.«

»Und weshalb das?«

»Achje«, spricht die Stimme weiter, dramatisch gebrochen und sanft an ihre weiblichen Kadenzen geklammert, »Ich habe den Pudding im Ofen gelassen, und der Kanari ist nicht gefüttert worden.« Dann ist das Knipsknips von Pistazien zu hören, die am Nebentisch links geknackt werden, und die Tänzer kehren zurück.

»Ich kam mir so albern vor«, kichert die jüngste Miss Van Allen, »als die Musik aufhörte und die einfach nur noch eine Art Geräusch gemacht haben, wie mit Reis in einem Sieb, und der alberne Neger grinsend immer weiter auf die arme alte Trommel geschlagen hat.«

»Ich komme mir sowieso immer wie ein Irrer vor«, erwidert der junge Mann, der das Haar zurückgestrichen trägt, als sei er eben gerade durch die Hände eines von heiliger Scheu erfüllten Erzdiözesans gegangen. »Na jedenfalls amüsieren wir uns doch prächtig, hm?« sagen beide wie aus einem Munde, Frage und Bestätigung in eins.

Vom künstlerischen Standpunkt aus betrachtet, fängt man die Atmosphäre eines Dachgartens am besten in dem Augenblick ein, wo alle sich gerade hinsetzen wollen. Die Farben steigen und fallen und schillern und wallen auf, ducken sich, kreischen und weinen und tasten und husten und sind kühn und sind schlau und sind witzig und sind weise, und jede Nuance ihres oder seines Charakters ist so ungeheuer offenkundig, und der Geschmack ist so gut und so närrisch, und jedweder Geschmack ist sein Quentchen Augenblick wert.

Der weißjackige Angestellte taucht auf, der den Hund mit dem musikalischen Innenleben scherzhaft nach den Gästen schnappen läßt.

»Ich bin ganz verrückt nach den ulkigen Viechern«, schwärmen die Van Allens, und der weiße Angestellte geht weiter, den Korb mit der pelzigen Schar vor sich ausgestreckt. Jemand sagt etwas über die Frauentypen, die sich in die Atmosphäre fügen. Jede Stunde hat ihren speziellen Typ: diejenigen, die am Anfang kommen und dem Ganzen großen Wert beilegen; diejenigen, die danach kommen und ihm weniger Wert beilegen, und jene, die fast schon zu spät eintreffen, um das Ganze überhaupt noch lohnend erscheinen zu lassen. Da ist das Paar, das punkt 20 Uhr 30 eintrifft, bestrebt, alles überhaupt Mögliche herauszuholen, wie ein Junge im Zirkus. Da sind diejenigen, die um halb elf kommen und mit irgendeinem Glas in der Hand herumtändeln; diejenigen, die zwischen elf und zwölf kommen und deren lässige Eleganz noch nicht einmal vorgetäuscht ist.

Die wahre Kunden kennen ihren Garten so gut, daß sie, wären sie plötzlich mit Blindheit geschlagen, mit den Händen auf dem Rücken zu einem bestimmten Tisch gehen, sich dort, die Hände immer noch auf dem Rücken, einen bestimmten Stuhl aussuchen und schließlich die Tanzfläche erreichen könnten. Diese Männer dürften vom Bankier bis zum Journalisten reichen, doch die Frau, die mit ihnen kommt, ist der schmachtende, eindrucksvolle Typ, trägt lange, Ermattung signalisierende Schläfenlocken und zwingt dem Umriß ihres Gesichts den scharfen Kontrast zwischen einer breiten Stirnfläche und einer plötzlichen, abschüssigen Welle wohlgeordneten Haars ab. Sie ist im wesentlichen Crêpe; sie bewegt sich in langen, anrührenden Linien; sie ist sich großer Hände und großzügig bemessener Füße auf kühne Weise bewußt – sie hat sogar bewirkt, daß sie Mode geworden sind, indem sie nicht müde wurde, sie mit wohleinstudierter Schlichtheit zur Schau zu stellen. Wer weiß nicht, was alles kann Mode werden, wenn man sich daran gewöhnt – sogar der Rossetti-Hals.

Sie wird als ›gefährliche Frau‹ bezeichnet. Der Name gefällt ihr, und er ist zum größten Teil ihr eigenes Verdienst. Die Säule dieses Ruhms ist ihr Hintergrund; die schönsten Möglichkeiten einer gewöhnlichen Zukunft bestehen darin, daß sie das tut, was eine unbedeutende Frau nicht tut. Man erwartet, daß Juno Trauben pflückt.

Souper auf einem New Yorker Dachgarten

Sie ist keine gute Gesprächspartnerin, doch sie will auch gar nicht sprechen. Sie macht wenig Versuche, weil sie weiß, daß das, was sich in Shakespeares Augen als eine erstrebenswerte Eigenschaft des Weibes ausnahm, immer noch taugt.

»Du darfst nicht noch mehr von dem Curry essen«, erklärt sie ihm, das Kinn in die Hand gestützt, »es ist schon spät nachts.« So hat sie selbst seine Träume im Kopf.

»Es wird mir schon bekommen.«

Sie zuckt die Achseln und wendet sich ab, das Kinn immer noch in die Hand gestützt. Er sollte sich nicht zurechtgewiesen fühlen, tut es aber. Er weiß, daß die Dinge, die sich in Bezug auf die Wirkungen eines Currys in einem gewöhnlichen Gehirn befinden, im Gehirn einer gefährlichen Frau doppelt gewichtig sind. Er streckt die Gabel weg und legt sie quer über den Teller, von Rand zu Rand. Er hat nicht aufgegeben. Er hat nachgegeben.

Er könnte die Kraft aufbringen, sie zu lieben, wenn sie sich sehnen würde, doch das wird sie nicht. Er könnte beredt werden, wenn sie schelmisch wäre, doch sie ist es nicht.

Wir haben sie alle triumphieren sehen, hoch über der Tide niedrigerer Wesen thronend, eine Passage zu einer tieferen See, über das Mondlicht sinnierend, Königin dank ihrer nautischen Beschlagenheit, doch lächelnd.

Die Misses Van Allen haben sie seit langem erspäht. Sie haben ihre Kopfform studiert, ihre Art, das Haar zu tragen – das Ganze in aller Genauigkeit, getrennt und gemeinschaftlich. Sie wenden sich einander zu und täuschen Grauen vor, und sie haben sich alles gemerkt.

Frauen sind großartig, wenn es darum geht – sagen wir, sich wieder dem Abendessen zuzuwenden. Wenn sie sonst nichts zuwege bringt, dies tut sie jedenfalls auf großartige Weise. Sie – und dadurch notwendigerweise auch der im Spiel befindliche Mann – wird die pittoreskeste kleine Salatplatte im Stich lassen, und handele es sich selbst um Hummer in seiner quälend anbiedernden Form, aufstehen und sich gemächlich von den hinreißendsten Pasteten und den so lebhaft lockenden Gläsern entfernen; sie wird den besten Teil eines Vogels, der nicht mehr rechtzeitig davonstreichen konnte verschmähen – wird das alles schmachtend verlassen, um durch die Labyrinthe eines neuen Schrittes zu gehen und schließlich kalten Auges zu ihm zurückkehren, so als habe sie nie gewußt, daß es existierte, oder besser gesagt, als sei es gleichgültig, ob es existiert oder nicht.

Und dabei ist sie in gewissem Sinne das hungrigste Ding der ganzen Schöpfung!

Und dann ist sie außerdem noch so unlogisch wie gewöhnlich.

»Wo ist denn das Dach?« fragt sie, als sie aus dem Fahrstuhl tritt und den Blick zu dem durchaus handfesten Dach aus Lichtern und rankenden Blumen hinaufwirft.

»Wir stehen jetzt drauf«, versichert er ihr und führt sie am Ellenbogen zu einem Platz in der Nähe der roten Kordeln, die zur Garderobe der Dollies führen. Sie kann den unnachahmlichen Sebastian mit einem ganzen Mädchen in den Armen einherstürzen und wie einen Spanier alten Stils tanzen sehen, mit der Bürde, die der Stoff seiner Liebe ist.

»Aber ich sehe den Himmel gar nicht«, sagt sie beharrlich, schiebt die drei Reihen Seidengürtel um die Hüften bauschig zusammen und reißt das Papier um ihre Fächerspitze auf. »Ich sehe nicht das kleinste bißchen Himmel.«

»Der Himmel ist noch nicht herausgekommen«, erwidert er und winkt dem Kellner, der sie schon in die symmetrische Sitzanordnung an einem der tausend grünen Tischchen komplimentiert hat. »Das ist hier nämlich ein Lokal, wo die Leute Spaß haben wollen.«

»Ja, und?«

»Das kann man aber nicht, wenn der Himmel und die Mücken hier hereinkommen.«

»Schon, aber das ist doch ein Dachgarten.«

»Na gut, aber ein Dachgarten kann doch auch ein Dach haben, hm?«

Sie gibt nach und schaut ihn an, als sei er an allem schuld; was er ja, wenigstens teilweise, auch ist. Denn mit neunzigprozentiger Sicherheit hätte ein Dachgarten, würden Dachgärten nur von Frauen besucht, kein Dach. Selbst wenn es mit Eimern schüttete, würden sie es vorziehen, unter ihrem jeweiligen Regenschirm zu sitzen und klatschnaß zu werden, wenn das Ganze nur buchstäblich wahr wäre.

So kommt es denn, daß sie, nachdem sie über die Kleider gesprochen haben, die niemals zwei Menschen in gleichem Maße zu gefallen scheinen, und nachdem sie über den einen oder anderen Hut oder die eine oder andere Frisur ihre Bemerkungen gemacht und den Champagnerkübel achtlos am Boden stehen gelassen und in angemessenem Umfang das Tanzbein geschwungen haben, das Ganze dann akzeptiert, mit all seinen Stärken und Schwächen, und ihm, der sie doch enttäuscht hat, diesbezüglich mit menschlicher Nachsicht begegnet. Sie ist von da an loyal auf alle Zeiten, soviel steht fest, und bringt ganze Trauben von anderen Frauen dorthin, denen sie dann lässig alle Dinge erklärt, die die nicht verstehen können, und ist eine mehr von denen, die hereinkommen können, ohne interessiert zu wirken – der Inbegriff des Raffinements.

Doch einer ist da, der wickelt sie alle ein, aus Liebe zum Leben – der kleine, dunkelgesichtige, geschmeidige Don Carlos Sebastian mit Dolly im Arm. Da bricht er durch die Rosen des blühenden Bogens, prescht auf den Tanzboden, und schon wirbelt und wirbelt er umher, lachend, überschäumend, berstend vor Lebenslust, und wirft die gesamten Empfindungen eines leidenschaftlichen Volkes in einen leidenschaftlichen Tanz. Das Stücklein Französisch mit dem Stücklein Seide schmiegt sich an ihn und springt davon und lacht ebenfalls und wird ganz ausgelassen ob solcher Ausgelassenheit und fliegt von einem Fuß auf den anderen und von Schwebe zu Schwebe in einem wilden, bewegungsverliebten Wirbel.

Und da sitzen sie, Liebende nun, die Zuschauer, und sind auf ganz herkömmliche Weise interessiert und sagen, sie seien gespannt, was der Mann wohl sagen werde, der aufsteht, um die Gewinner der Preise anzusagen. Und schließlich gleitet die Frau als eine der ersten aufs Parkett und verlockt einen erschöpften Mann zu einem allerletzten Tanzschritt.

Ach ja, es ist schon ungeheuer vergnüglich, tanzen und andere beim Tanzen beobachten zu können, und das Dach könnte glatt davonfliegen, wenn man nur wollte, und loyal, wie man ist, will man es gar nicht.

NEW YORK PRESS, 14. JUNI 1914

WIE DIE VILLAGEBEWOHNER SICH AMÜSIEREN

Man muß schließlich treu zu seinen Armbändern stehen, und es gibt doch so viele kleine Freuden, die sie nicht missen mögen, und so viele gesellschaftliche Funktionen, die es wahrzunehmen gilt, wenn man schon am großen Strudel teilhaben muß; und was ist denn mit den zehn Debütantinnenarmbanduhren pro Saison? Die müssen doch auch ihre Chance kriegen.

Ja, es ist ein hartes Leben, denn hier unten muß man nicht nur seinem blauen Porzellan gemäß leben – eine von Oscar Wilde weidlich beklagte Beschäftigung –, man muß auch seiner Jade und seinen Antiquitäten gerecht werden, ganz zu schweigen davon, daß man ja auch noch einen Ruf zu wahren hat, einen befleckten.

So schickt der Bewohner von Greenwich Village sich denn an, sich zu amüsieren. Es ist ein hartes, schmutziges Geschäft, aber es muß sein. Da sind zunächst einmal diese abscheulich frühen, niederdrückenden Frühstücke im Bett. Da ist die nervenaufreibende halbe Stunde vor dem Dinner, wenn die ungeheuerliche Narrheit der Welt zur Weisheit eingedampft werden muß; denn hier unten lehrt einer mehr, als er gelernt hat, träumt man mehr, als man zu träumen Kraft hat, hofft man über alle Hoffnung hinaus. Musik muß in die Spannen des Gelächters und in den Spann der Füße, denn was der Dichterfuß klopft, muß Rhythmus haben und Skansion.

Mit Nägeln schimmernd wie ein venezianisches Trinkglas, vollendete Hochstapelei einer stets dienstfertigen feuchten Handfläche, so schreitet der Villagebewohner über den Fliesenboden des Cafés. Von seinen Schultern hängt ein mephistophelisches Cape; das hakt er nun mit langen weißen Rekonvaleszentenhänden auf, es gleitet ihm von den Schultern – ah, Herr im Himmel!, womit haben wir verdient, von soviel Schönheit geblendet zu werden! An seiner erhabenen Gestalt ist nichts als ein Leopardenfell, ein wenig Talkum, eine Perlenkette, ein Gürtel voller verführerisch funkelnder Saphire. Eine Morgendämmerung aus Myrte, eine Abenddämmerung aus hindufarbener Fettschminke.

In Sandalen stecken die Füße und in der Tasche die Panflöten, die bersten von einer nie gehörten Musik, Flötenschaum, unberührt von jeglicher Technik und Regelhaftigkeit.

Und wie er da so niegeschaute Vision wird …

Then all the longprone dead arose.
And one was Helen of old Troy,
Still walking down the day at close
To find some yet unconquered boy.

Or one a Persian king a-gloat
Who sat with foot halfraised and cold
For one last step upon a throat
That sepulchred a tongue of gold.

Or one perchance was Prosephine
With seven grapes caught in her hair,
Like little birds made mute on wine
Who knew of love but did not dare

To follow on where chase met chase,
And hunted, caught the hunting one,
And in the darkness kissed a face
That once had looked on Babylon.

Ja, so sah das aus, denn es war die Zeit der Abendgesellschaften, und der Liberal Club gab einen Ball.

In der Ecke sang ein elektrisches Klavier ein sehr synkopiertes Leben an, und die Gestalten in Seide und eilendem Chiffon wirbelten im Kreis herum, während in geringer Entfernung der Präsident die Hände beifällig an einen ebenholzschwarzen Bart legte.

Eine Frau in orangefarbenem Hänger kommt übers Parkett gegirrt.

»Du bist wundervoll heute abend, Harold«, sagt sie, während ein Korsar, um das Kompliment zu erhaschen, ein Ohr neigt, das nicht von ungefähr konkav ist. »In dieser Perücke und der grauen Uniform bist du einfach göttlich – ein prächtiger Stamm, dazu ausersehen, mit den Früchten der Liebe behängt zu werden.« Und wieder lächelt er. Sie schweben in einen Onestep hinein.

»Siehst du das tanzende Paar dort? Ja, die in Orange mit dem Mann in Grau – also, die ...«, setzt eine kurzhaarige Fortschrittliche ihre Plauderei mit vielsagendem Unterton fort und richtet sich dabei an den Mann, der das erste realistische Sonett geschrieben hat, das mit den Worten beginnt:

»Sechs Laibe Brot, die halt ich an mein Herz

Denn wie sechs Laibe Brot nährt deine Lieb mein Brennen ...«

»Gegen das, was ich über die weiß, ist alles andere Wissen dumpfe Unwissenheit.«

Dies Vergnügen dauert jedoch nicht ewig, und so widmen sie sich wieder dem Tanz oder setzen sich und besorgen den Skandal von morgen.

Die Laternen sind schwingende gelbe und rote Lichtkugeln; eine zerbirst plötzlich zu einer emporzuckenden Flamme – und brennt zu Asche. Niemand bemerkt, daß eine aus der Reihe der Laternen zu Nichts verbrannt ist. Nur ein Mann, der an einem Tisch sitzt, hebt einen Moment lang den Blick, und das blaue Licht fällt ihm auf das rote Haupt- und Barthaar. Er blickt wieder nieder. Der nächste Tanz beginnt.

Oder vielleicht ist es auch nicht der Liberal Club, sondern die Webster Hall an der East Eleventh Street. Vielleicht reißt ja Mike, der Kellner von Polly's, am Eingang die Karten ab; vielleicht schreitet ja Allen Norton in orientalischer Pracht vorüber. Oder man sieht die Baronin[12] leichtfüßig aus einem dieser neuen weißen Taxis springen, siebzig schwarze und purpurrote Reifen um die Knöchel ihrer jahrhundertealten Füße, eine ausländische Briefmarke – entwertet – auf die Wange geklebt, eine Perücke in Purpur- und Goldtönen, die sich mit Hilfe der Fasern eines Taus, das einst Importe aus Cathay zusammenzurrte, keck behauptet; rote Hosen – und man lasse sich das erlesen staubige Parfum nicht entgehen, das sie zurückläßt –, ein altehrwürdiges menschliches Notizbuch, worin sämtliche Narrheiten einer vergangenen Generation eingetragen sind.

Paarweise kommen sie, pompöse Käfer im Netz eines alten Begehrens. Sie begeben sich die Treppe hinauf, werden gesehen, wie sie Arm in Arm durch den Bogengang laufen, bemalte Gesichter, bemalte Haut, bemalte Glieder und bemalte Fächer, und einander die Dinge im Leben erzählen, die wenig bedeuten und viel. In einer Ecke steht Christine und ißt ein Sandwich mit kaltem Braten; eine Frau geht klirrend vorbei, besetzt von Ornamenten – geschirrt wie ein Pferd, an die Vergangenheit. An der Bar schwebt grauer Dunst über die Köpfe eines Manns und einer Frau, die aus einem hohen Glas gemeinsam Absinth trinken. Jemand anderes singt ein Lied. Eine Dreiergruppe drängt sich vorbei, zwei Frauen und ein Mann. An einem der runden Tische liegt Beatrice malerisch hingegossen in der kühlen, gelassenen neuenglischen Umarmung Alberts.

Vor gar nicht langer Zeit machte ich selbst eine dieser Ballnächte durch. Während dieser speziellen Nacht war eine Menge billiges Bier getrunken worden, und so um die halb vier wurde einiges davon in einem menschlichen Fäßchen hinausgetragen – ein vergehendes Stück Pein, auf den Schultern einer Polin in die Nacht hinausgetragen.

Ja, war nicht auch eine Laterne verloschen?

Ein betrunkener Schwede baute sich vor mir auf, brannte ein Loch in den Schleier und zog mich hinaus auf die Tanzfläche. Der Kapellmeister begann, mit den Füßen auf die Bühne einzuhämmern, und rief dabei irgendetwas aus, das von Interesse war und das ein jedes Ohrenpaar doch vorbeigleiten ließ, weil es sich ganz auf die Schärfe und die Neugier des Nachbarohrs verließ.

Polly's Restaurant

Ein Junge in weißem Flanell, mit weißem Gesicht und rotgeschminkten Lippen, segelte anmutig vorbei und hielt dabei eine einzige vollkommene Lilie. Jemand entriß mich den Armen des Schweden, und als ich aufblickte, entdeckte ich Alexis' tränenverschmiertes Gesicht über mir. Ich sagte:

»Weshalb weinst du denn?«

»Ach«, rief er, »das Leben ist so rein geworden, daß es kein Vergnügen mehr ist, Ausflüge in den Schmutz zu unternehmen. Man steckt doch nicht die Hände in den Schlamm, nur damit sie sauberer und strahlender wieder herauskommen, wie ein Küchenmesser!

Herrje«, fuhr er fort, »man kann ja in sämtlichen Rinnsteinen Manhattans sitzen und ist, wenn man wieder aufsteht, doch mit nichts Schlimmerem bedeckt als dem Schatten eines Sterns. Jean Valjean[13] hätte unsere Stadt in ihren übelsten Abwässerkanälen unterqueren können, und was hätte er gefunden?« fragte er in tragischem Ton und ließ in einer Anwandlung zügelloser Selbstvergessenheit mein Schulterblatt fahren, »nichts als einen Haufen abgelegter moralischer Anschauungen und zwei oder drei verworfene Standpunkte.«

Ich führte den Weinenden einmal um den Saal.

»Und was hast du erwartet?«

»Denkst du etwa«, antwortete er, »ich habe meine verlockende Studierlampe und meine Bücherbretter voll Rabelais und Moore für so etwas aufgegeben? Denkst du etwa, ich wäre von der Upper Park Avenue, wo jeder Gemüsehändler köstliche französische Pikanterien kennt und einem die Pflaumen in subtile Bemerkungen einwickelt, hierhergekommen, bloß um die Bäckerstochter über Reformmöglichkeiten in New York reden zu hören?

Oder auf der anderen Seite die bezaubernde Dekadenz von Lawrence Hope – ›Und unter deinen Karrenrädern Gering'res noch als Staub‹ – allerdings! ›Bleiche Hände liebt' ich‹ – Blödsinn!«

Ich verließ ihn, dessen übervolle Seele sich wie Kölnisch Wasser in ein tadelloses Batisttaschentuch ergoß.

Und all diese Nächte, ob sie nun in der Webster Hall, im Liberal Club, in der Fifty-seventh Street oder in privaten Studios stattfinden – um zu enden wie Angela im *Genius* –, unaufhörlich welken sie dahin und sterben.

Um wieder aufzuerstehen. Mit Abweichungen.

Um irgendwo Poker zu spielen und hinausgeworfen zu werden. Das ist eine mögliche Form des Amüsements.

Um sich der Liebe des Gatten einer anderen Frau zu erfreuen.

Und um abermals jemanden aus dem Gefängnis herauszuholen.

Ja, und wie steht es um die anderen Freuden?

Die Vergnügungen derer, die ›umtriebig‹ sind – sie brauchen Futter, und der einzige Unterschied zwischen einem Bohémien und einem gewöhnlichen Slumbewohner ist, daß der Slumbewohner in irgendeiner Gasse unter Wahrung seiner Selbstachtung stirbt. Der Bohémien ist hingegen ein Mensch, der seine Armut zu genießen weiß: nassauern ja, doch nassauern unter Nassauern. Nicht einer hat nur genommen, nicht einer hat nur gegeben.

Doch sind dies nur die augenfälligeren Weisen der Villagebewohner, sich zu amüsieren.

Es ist amüsant, eine Katze zu töten.

Es ist amüsant, Kunstgegenstände zu zerfetzen.

Es ist amüsant, violette Krawatten und gelbe Bademäntel zu tragen.

Es ist amüsant, unter dem Bett Zigaretten zu rauchen.

Es ist amüsant, seinen guten Ruf zu verlieren.

Es ist noch amüsanter, den eines anderen zu zerreden.

Es ist sogar noch amüsanter, von der Feuertreppe aus zuzugucken, wie die ganze Welt zum Teufel geht.

Bloß ist das doch alles Kinderkram, nicht mit mir.

Hören Sie – da ist so eine Vorstellung im Umlauf, und zwar die, daß die Menschen sich amüsieren, wenn sie glücklich sind. Was für eine anmaßende Vorstellung! Das sieht dieser dummen Welt ähnlich, daß sie so etwas annehmen kann.

So verhält sich der Mensch in Wahrheit gar nicht, der sich nämlich dann amüsiert, wenn er unglücklich ist. Sind Sie je auf diesen Gedanken gekommen? Für jeden von uns gibt es ein bestimmtes Zimmer in einem bestimmten Haus, wo wir die große Komödie durchleben – allein. Einen Augenblick, wo der Nebel sich über die Schornsteine gelegt hat und ein herbstliches Gefühl die Seele ergreift und einen unsagbaren Gram hinterläßt, der so tief und so bedeutsam ist wie das Ding, das ihn hervorbringt. Das ist in Wirklichkeit die Art und Weise, wie der Bohémien sich amüsiert. Wie soll ich Ihnen davon erzählen, oder wie soll irgendwer von uns davon wissen? Das mag von einer Zeile in einem längst vergessenen Buch herrühren, vielleicht von der Farbe einer verblichenen Blume in einer alten Vase. Vielleicht aber auch weder von dem einen noch vom anderen.

Fast immer ist das eine Erinnerung . . ., eine gebrochene Erinnerung, eine Winzigkeit von fünf Sekunden – und dann . . .

Er reißt auf einmal seinen Hut an die Brust und stürzt auf die Straße hinaus. Fast hätte ihn etwas berührt, als er am toten Kamingitter stand. Vielleicht war es nur ein Schauder; vielleicht war es so etwas wie das Gefühl, daß »wir nicht immer leben können und daß wir Genüge finden müssen«.

NEW YORK MORNING TELEGRAPH SUNDAY MAGAZINE,
26. NOVEMBER 1916

MEINE SCHWESTERN UND ICH BEI EINEM PREISBOXKAMPF

Nicht zuletzt der Rassenhaß war verantwortlich für die Popularität, die das Preisboxen im Jahre 1914 beim Mittelstand genoß, als Djuna Barnes diesen Artikel schrieb. Die Weißen hielten damals Ausschau nach dem Champion, der den überragenden schwarzen Schwergewichtler Jack Johnson schlagen konnte. Paradoxerweise erwies sich ›Cowboy Jess‹ Willard aus Kansas, der diesen Sport in Wahrheit verabscheute, dann als die ›Große weiße Hoffnung‹. Nachdem er Johnson 1915 den Titel abgenommen hatte, mied Willard nach Kräften nahezu jede Gelegenheit, ihn zu verteidigen, und gab die Meisterschaft schließlich nach enttäuschendem Kampf im Jahr 1919 an Jack Dempsey ab. Djuna Barnes interviewte Willard 1915 und Dempsey 1921[14].

Ein großer Prozentsatz der Zuschauer sind Frauen.« Diese nackte Tatsachenmeldung, die sich auf der Sportseite vieler Zeitungen fand, hatte immer wieder meine Aufmerksamkeit erregt.

Etliche Male hatten Freunde mich gefragt: »Hast du bemerkt, daß die Frauen seit einiger Zeit Boxkämpfe besuchen?«

Ich hatte es nicht bemerkt, war dazu jedoch gern bereit, wenn es den Tatsachen entsprach.

So befand ich mich denn eines Abends in Far Rockaway und in Brown's Athletic Club. Far Rockaway, das etwa 14 bis 16 Meilen inselaufwärts auf Long Island liegt, ist kaum mehr als eine halbe Stunde Fahrt von den Wohnungen Manhattans entfernt. Es liegt innerhalb der Stadtgrenze von New York, und es gibt dort eine Menge schöner Sommerhäuser, die von New Yorker Familien genutzt werden. Das Klubhaus steht ein paar Schritte von der Bahnlinie entfernt, unauffällig, graubraun, geduckt.

Ein Mann lehnt im Kassenschalter, wo in roter Farbe die Eintrittspreise angeschrieben stehen. Frauen bleiben vor ihm stehen, zögern einen Sekundenbruchteil, legen die 2 Dollar für einen Ringplatz hin und gehen dann weiter, das Gesicht zu einem Lächeln verzogen. Der Mann am Schalterfenster zieht nicht einmal die Brauen hoch.

Draußen in einem Biergarten lehnen sich leere Stühle über Tischplatten, auf denen braune Pfützen, die nun eingetrocknet sind, phantastische Denkmäler vergangener Zechgelage zeichnen. Jenseits, durch blauen Tabakdunst hindurch, leuchten Reihen menschlicher Gesichter, und weibliches Lachen erhebt sich schrill und durchdringend. Ich, eine Frau, geselle mich zu den anderen und beobachte die eintreffenden Frauen.

Sie wirken nicht befangen, und nichts an ihrem Auftreten läßt darauf schließen, daß die Situation ungewöhnlich ist. Sie blicken gleichgültig auf das erhöhte Quadrat mit seinen vibrierenden, straffen Seilen, seinen schlaff herabhängenden Handtüchern und narbigen braunen Pfosten, den Hockern in den Ecken, dem Schwamm in seiner Pfütze, die ständig größer wird und auf den Fußboden hinabtropft. Und sie befingern ihre Kettchen und sprechen über die Statur der Boxer.

Die Männer, die im Publikum versammelt sind, sind beleibt und von behäbiger Würde; sie rauchen Zigarren; wenn ihre Hände gestikulieren, blitzen Brillanten auf. Die Frauen sind zerbrechlich, haben schlanke Hälse und sind in das raffinierte Blendwerk von Seide und Crêpe gehüllt.

Was folgte, war der erste Akt dreier Kämpfe über vier Runden, deren erster von ›Black‹ Lahn und Mike Rosen bestritten werden sollte. Zwei Zehn-Runden-Kämpfe sollten folgen, und der letzte, gleichzeitig Höhepunkt des Abends, sollte zwischen Phil Bloom und ›Young‹ Gradwell ausgetragen werden.

Über den nackten Ringboden schreitet der Ringrichter, dessen Kopfhaltung erwartungsvolles Interesse und Sinn für die eigene Wichtigkeit andeutet. Das Leben, dort, wo es am erregendsten ist, liegt für ihn in dem von Seilen eingefaßten Raum beschlossen. Der Mensch hat schon großartigere Felder beschritten als dies, doch niemals weitete sich seine Brust in stolzerem Selbstbewußtsein.

Und mittlerweile wirkt der Schauplatz, in immer dichteren Dunst gehüllt, zunehmend entrückter. Die Scheinwerfer erscheinen trübe, weiter entfernt. Man spürt eine lange, niedrige Reihe von Köpfen – die der Männer mit Hut oder mit zerwühltem Haar und die der kunstvoll frisierten Frauen, die auf eine seltsame Weise nicht zusammenpassen. In Abständen leuchtet durch das Blaugrau des Rauchs hindurch glutvoll ein Zigarrenende auf, verlischt und leuchtet erneut auf. Und im Innern der Einfriedung blitzt ein weißer Arm auf, als sein Besitzer ruckartig die Hand wegstreckt, auf die der Handschuh wartet, oder sich den hektisch reibenden Bewegungen übereifriger Helfer überläßt.

»Ein gutaussehender, gutgebauter Bursche«, sagt ein Mann hinter mir, und ein anderer meint: »Guck dir mal seine Rückenmuskeln an!« Eine Frau sagt hingegen leise: »Er hat schöne Augen!«

Jack Johnson

Dann treten diese beiden, deren Namen kaum zu hören sind – denn ihr Kampf ist nichts als ein Vorgeplänkel zu einem Ereignis –, an, um ihr Teil beizutragen, das schlichteste und menschlichste, das an diesem Abend geboten werden sollte. Als sie sich die Hände schütteln, messen sie einander eingehend mit Blicken, Muskel für Muskel. Dann, mit einem Vorschieben der Unterkiefer, eröffnen sie das Spiel.

Einen Augenblick lang herrscht nervöse Unruhe in der Zuschauermenge. Dann konzentriert sich aller Aufmerksamkeit auf den Ring. Manche beugen sich vor und klemmen die Hände mit auswärts gekehrten Handflächen zwischen die Knie, andere lehnen sich zurück und legen den Arm über die Stuhllehne des Nachbarn. Die Frauen jedoch, die sich auf die ringnahen Plätze gewagt haben, und die Mädchen weiter hinten sitzen kerzengerade, zwischen Staunen und Bangen schwebend, die Gesichter immer noch zu einem starren Lächeln verzogen, wie bei dem Mann, den man enthauptet hat, während ihm ein Scherz auf der Zunge lag.

So wie der schlimmste Teil am Tod nicht der Tote, sondern die Trauernden sind, so ist es nicht der Boxer, der grauenerregend ist, sondern die Menge, die kein Erbarmen kennt und nur die Sensation sucht. Vom Geschrei angefeuert, das sich erhebt, gehen die Boxer auf einander los, das Kinn vorgeschoben, wachsam, lauernd, auf der Hut. Sie verkeilen sich, wo Kopf gegen Brust stößt. Sie bewegen sich steif, ruckhaft. Dann klatscht die nackte Hand des Ringrichters auf nacktes Fleisch; sie werden auseinandergestoßen. Und geraten erneut aneinander.

Und einer wie der andere sitzen wir unterdessen reglos und wagen kaum auszuatmen.

Dann wird der eine, wie ein Vogel, der hilflos gegen die Käfigstangen geworfen wird, gegen die Seile geschleudert. Mit nassen, bebenden Gliedmaßen versucht er, wieder Halt zu finden. Er schlägt zu, aber seine Fäuste spüren den Schock des Aufpralls nicht. Sein Widersacher wird zu einem weißen Fleck. Seine Armmuskeln scheinen betäubt. Doch immer noch kämpft er, und den Zuschauern erscheinen seine Arme, die sich unaufhörlich und wirkungslos bewegen, wie die Zweige eines Baumes, der von der Gewalt des Sturmes gepackt wird. Ein leises Stöhnen entschlüpft ihm, als er sich verzweifelt abmüht, dieser überwältigenden Kraft Herr zu werden. Dann erstarrt er abrupt. Er hört die Anfeuerungsrufe der Menge, doch sie berühren ihn nicht. Nur eine gewaltige Einsamkeit, das Gefühl völliger Isolation erfüllt ihn, als er langsam zu Boden sackt.

Und da steht der Sieger und blickt sich mit glasigen Augen um. In den letzten paar Sekunden hat er den Kontakt zu seiner Umgebung verloren; sie ist ihm zu einer einzigen schwankenden, fuchtelnden Gestalt geworden, auf die er die ganze Kraft seiner Muskeln verschwendet hat. Er läßt den Daumen

James C. Corbett und Terrry McGovern

an seinem Gürtelrand entlanggleiten und klopft dann feierlich dagegen, als wolle er sich versichern, daß er sich nicht in einem Traum befindet.

Der Ringrichter beugt sich über den Mann, der am Boden ist, sich anscheinend jedoch immer noch weigert, sich in sein Schicksal zu fügen. Auf den geöffneten Knien ruhend, stützt er den Kopf in die Hände und ringt nach Atem. Der Ringrichter beugt sich noch tiefer hinab, den Mund jetzt dicht am Ohr des Boxers. Er beginnt zu zählen: »Eins, zwei, drei« – mit einer Stimme, die laut und gebieterisch klingt, so als wolle er den Jungen auffordern, aufzustehen und es noch einmal zu versuchen. Doch die Gestalt am Boden schwankt nur hin und her, sie ist nicht länger ein Kämpfer, sondern ein gewaltiger, fassungsloser Schmerz.

»Sieben-acht-neun«, – der Ringrichter richtet sich auf, und mit den Füßen voran tragen sie den jungen Mann durch die Seile in das Vergessen jenseits des Rings. Er ist gescheitert.

»Mein Gott!«, sagt eine Frau leise. Eine andere, die zwischen Bruder und Gatten eingekeilt sitzt, ereifert sich über die jeweiligen Verdienste der beiden Kämpfer. Eine dritte, unmittelbar hinter ihr, die niemals zu lächeln aufgehört hat, klaubt die Rippen eines zerbrochenen Fächers auf.

Plötzlich bemerkt man, daß da ein weißgekleideter Mann Ingwerbier und Eistüten verkauft. Dann gibt es also welche, die sogar jetzt Lust haben zu essen!

Endlich kommt der Spitzenkampf. Einmal mehr wird der Handschuh geschnürt; wieder wird ein Arm mit Alkohol abgerieben. Gradwell beugt sich zurück, um sich mit dem Schwamm benetzen zu lassen. Bloom reckt das Gesicht vor, um den Schwapps Wasser von kundiger Hand zu empfangen. Tropfen fallen auf unsere Gesichter wie Regentropfen – die Taufe des Boxers.

Sie schütteln einander die Hand.

Alle Männer sind sich von Anbeginn darüber im klaren, daß Bloom überlegen ist. Sie wissen irgendwie, auf was es bei dem Spiel ankommt, und ihr Interesse verhält sich proportional zu ihrem Wissen. Das Interesse der Frau liegt hingegen nicht in der Stärke, sondern in der Schönheit. Sie ist auf der Seite des Boxers, der eine bestimmte Kopfhaltung hat, eine bestimmte Rundung des Kinns, eine bestimmte Linie von der Kehle zur Braue.

Warum soll man es zu schildern versuchen? Der Spitzenkampf war nicht der, bei dem das humane Spiel gespielt wurde. Die erste Runde war wie die letzte – ein lustloses, apathisches Gerangel zweier Männer, die sehr müde, sehr verdrossen wirkten und die am Ende bloß um eine Spur müder durch die Seile stiegen, als sie gekommen waren.

Für sie hatte der Kampf seine Glut eingebüßt. Der Schock der klatschenden Schläge brachte das Blut nicht mehr in Wallung. Es war ein Geschäft, kein Sport mehr, und dieser anspruchsvollen Auseinandersetzung fehlte das menschliche Element des ersten Amateurkampfs.

In der inhaltsleeren Pause, die dem Finale folgte, zündete ein Mann plötzlich ein Streichholz an. Es beleuchtete sein Gesicht, das bleicher geworden war und dessen Augen schwerere Lider hatten. Das Streichholz verlosch, und ich war meinen ratlosen Fragen überlassen.

Waren es denn am Ende wirklich die Männer im Publikum gewesen, die angesichts des Schmerzes unbekümmert und gleichgültig geblieben waren? War das das Geräusch eines zuschnappenden Fächers gewesen, was ich da gehört hatte? War das eine Frauenstimme gewesen, die gemurmelt hatte: »Er hat schöne Augen«? Die Hand einer Frau, die in der Dunkelheit meinen Arm umklammert hatte? Der Atem einer Frau, der da so plötzlich gestockt hatte?

Und wessen Stimme war das gewesen, die plötzlich, unmittelbar vor der Schlußphase, geschrien hatte: »Nun aber mal los, zeigt uns mal, daß ihr Männer seid!«?

NEW YORK WORLD MAGAZINE, 23. AUGUST 1914

ENDE IN WILDEM WIRBEL ÜBER DIE RASTLOSE BRANDUNG VON CONEY

Es war einmal eine Frau, die unter höchst romantischen Umständen geboren worden war – das heißt, zwischen zwei Ländern, Rußland und Polen –, in einer jener Dezembernächte, wenn der Himmel zu kalt ist, um für Sterne beiseitezurücken.

Das Blut dieser Frau, wie schon ihre Geburt, stand auf halbem Wege zwischen zwei Rassen – der jüdischen und der norwegischen –, und während sie heranwuchs, balancierte ihr Geist ebenfalls zwischen zwei Zuständen – Gesundheit und Krankheit.

Sie hatte ein großflächiges Gesicht, ohne doch grob zu wirken. Sie hatte einen kleinen schmalen Mund, der sich in den Winkeln zusammenzog, und sie zwinkerte. Ihre Lider waren sehr bleich und wimpernlos, sie schienen niemals die Augen zu bedecken – sie beschatteten sie nur. Ihr Haar war dünn und in der Mitte gescheitelt wie das einer Madonna. Sie trug stets eine am Hals geöffnete Bluse, die eine feste Kehle von seltsamer Weiße sehen ließ. Sie lispelte ein ganz kleines bißchen, wenn sie sich auf Englisch unterhielt, doch ihre eigene Sprache sprach sie ebenso rasch wie mühelos.

Gewöhnlich saß sie, die Hände im Schoß, und sagte lange Zeit gar nichts. Man erzählt von ihr, daß sie in einem entlegenen Winkel der Schweiz einmal tagelang nicht außerhalb ihrer Hütte gesehen wurde und der Nachbar, der sich Sorgen zu machen begann, hineinging und sie fand, wie sie die Wand anstarrte. Als sie berührt wurde, fiel sie zu Boden. Es gab zu essen im Haus, aber sie hatte nicht gegessen. Da fragten sie sie: »Was fehlt Ihnen denn? Es ist doch zu essen da, und Sie haben so viel Zeit, wie Sie nur wollen.«

»Ach nein«, antwortete sie lächelnd, »ich bin viel zu beschäftigt, wenn ich nichts tue.« Als man sie fragte, was sie damit meine, antwortete sie schroff, die Menschen seien keine Menschen, sie seien ›Puppen‹.

Sie hatte der Revolution angehangen, sich jedoch schließlich angewidert von ihr abgewandt, indem sie sagte: »Ihr seid nicht reif, um befreit zu werden – ihr windet euch nicht unter der Knute. Ihr seid eine Beleidigung für den Zorn – ihr könnt nicht leiden.«

»Weshalb sollte ich mir unter lauter Hündchen meinen Körper ruinieren?«, sagte sie gern und blinzelte langsam. »Ihr würdet doch nur verärgert mein Blut an euch bemerken, so wie ihr Dreck an euren Sonntagskleidern findet. Ich werde dem Gesindel nicht meinen Kopf hinwerfen, damit es lernen kann, wie ein Gedanke zusammengemischt wird – sie sind ja doch zu dumm, um auf den Trichter zu kommen.«

Dann hob sie die spärlichen Spitzen ihres dunklen Haars und legte sie über ihre bleichen Ohren. Manchmal sagte sie auch, die Kahlheit, die sich bei ihr ankündigte, bekümmere sie nicht weiter – wenn sie jemand fragte, ob sie etwas unternähme, um sie zu verhindern, antwortete sie: »Nichts«. Sie hatte es aufgegeben, sich gegen den Haarausfall aufzulehnen, wie sie gelernt hatte, sich gegen die Gesellschaft aufzulehnen. Manchmal setzte sie sich jedoch nachts im Bett auf und fragte sich, was sie beunruhigte, und indem sie die Hand auf die ihr eigene Weise an den Kopf legte, legte sie sich wieder hin und murmelte: »Ach ja, ich erinnere mich.«

Diese Frau hatte für Amerika so etwas wie eine Mitleidsgeste übrig, die gleichzeitig die Kursivschrift der Barmherzigkeit war. Sie pflegte zu sagen, wir wüßten nicht, wie man sich vergnügte oder wie man traurig war. Sie stimmte zu, als ein Freund die Richtigkeit dieser Beobachtung unterstrich, indem er bemerkte, daß die Menschen aufhörten, sich zu amüsieren, und sich stattdessen auf die Unterhaltung verließen, die ihnen daraus erwüchse, daß sie die gezwungenen Possen eines bezahlten Individuums beobachteten, das diesem persönlichen Verlust abhalf.

An diese Frau dachte ich, als ich durch Coney Island ging.

Ja, sie hatte völlig recht in mancher Hinsicht, in anderer jedoch hatte sie völlig unrecht. Manche haben eine charakteristische Eile, eine Verbissenheit, eine hektische Entschlossenheit, sich um jeden Preis zu amüsieren, selbst wenn es schmerzlich ist. Sie sind bereit zu weinen, damit sie nur ja lachen können.

Manche von uns nähern sich Coney mit dem Schiff. Matrosen gehen auf und ab und blicken uninteressiert aufs Wasser. Ein einsames Paar sitzt achtern und trinkt Brause und Bier. Ein Mann tritt aus dem Salon; er sieht frisch und kühl aus im weißen Segeltuch, doch sein Gesicht ist traurig. Ein Kleinkind mit O-Beinen jagt seine Mütze das Deck hinab, und ein junges Mädchen steht an der Reling und ißt Süßigkeiten und lacht. Doch für das alte Eisendampfschiff ist es der Winter seines Ruhmes.

Wir kommen an einer Glockenboje vorüber, die unsicher läutet – als täten die Wellen, wenn sie sie erreichen, weh. Ihre vier Eisenhämmer rollen dagegen und erzeugen ein melancholisches Stöhnen; es ist traurig und lieblich und geduldig. Das Schiff fährt weiter.

In Coney angelangt, kämpft man sich den Pier empor, konfrontiert mit dem ewigen Grinsen des Steeplechase-Mannes[15], der einen flachen Hut und zwei perfekte Locken über der Braue kleben hat, wie ein Handelsvertreter. Ein Mann sitzt auf der Piermauer mit der Angelrute in der Hand und einem

Luftschiff Macon über Coney Island

Korb neben sich. Seine Frau wirft Brotstücke ins Wasser und blickt zu den Vergnügungswilligen hinauf und dann wieder hinab.

Wenn man die Bowery erreicht, dringt einem ein seltsames Gemisch von Geräuschen ans Ohr: Lärm von Glocken, Tanzmusik, die kehligen Schreie des Straßenverkäufers, das Gelächter junger Mädchen, die Bemerkungen der Jungen über die Vorübergehenden drängen sich in jener Stimme, die eine Mischung aus Jugend und Alter ist – der gebrochene Schrei des Heranwachsenden.

Ein Mann mit weißer Schürze und Mütze steht mit offenem Mund hinter seinem Ofen mit der Herdplatte, die von Hot dogs bedeckt ist, einer rotbraunen Masse, die er von Zeit zu Zeit mit einer langen Gabel einsticht, während er das Gedränge überwacht. Wenn die Köpfe sich in seine Richtung drehen, besinnt er sich, weshalb sein Mund offen steht, und schreit: »Kommt, holt euch eure Hunde, alle heiß! Alles dran bis auf das Bellen und die Steuermarke! Nun holt euch mal schön eure Hunde, Leute!« Irgend jemand schreit daraufhin: »Wuff, wuff!« und lacht.

Dann hört man die leise, gutturale Stimme einer stämmigen Frau, die an der Seite steht: »Hier gibt's Roastbeef-Sandwichs – zehn Cent das Stück!«

Ein kleiner Mann im roten Rock stolziert vorbei, zwirbelt seinen Schnurrbart und blickt von einer Seite zur anderen, als erwarte er, daß um ihn herum die Gänseblümchen emporschießen; denn wie ein Schiff Schaum im Kielwasser hat, so erwartet er ein Kielwasser von Blumen.

Ein Offizier, flankiert von zwei Jungs im Matrosenanzug, bleibt vor der Schießbude stehen und probiert die Gewehre aus. Einer der Jungs macht eine Bemerkung: »Ach, das hier ist doch immer noch der beste Tanzlehrer!« Er knufft seinen Gefährten, zielt auf eine Ente und schießt sie ab. Sie gehen weiter. Das Gesicht des einen Matrosen hat einen seltsamen Ausdruck – und er zieht die anderen am Arm. »Los, kommt«, sagt er hastig, »kommt jetzt.« Bei der nächsten Schießbude bleiben sie nicht stehen.

Eine Attraktionenschau zieht ihre Aufmerksamkeit auf sich. Gewaltige Plakate künden von ›Der allerdicksten dicken Frau‹, dem ›Verknöcherten Mann‹, dem ›Schlangenverführer‹ und dem unglücklichen Burschen, der Beine hat wie Peitschen und als ›Der Zigarettenfeind‹ angekündigt wird. Man schaut auf diese Menschen wie vom Kraterrand eines Abgrunds hinab, und sie befinden sich da unten auf dem Grunde der Verzweiflung und am Boden des Lebens. Der Vorführer tritt vor, den Rohrstock in der Hand; er berührt die Schulter des nächstsitzenden Krüppels und fängt an, ihn herumzudrehen, als sei dies Herumgedrehtwerden alles, wozu der Unglückliche geboren worden ist. Er beginnt, die Gebrechen dieses Mannes aufzuzählen, als handele es sich um eine Reihe kostbarer Perlen.

Surf Avenue, Coney Island, etwa 1895

WOOD'S
BICYCLES
10¢
CHECKED

»Eine Explosion im Schädel, das Herabstürzen von Steinen und Kohle, ein Mann, der im Dunkel vorwärtsstürzt, ein stolpernder Fuß, ein Stoßgebet, und dann eine Spitzhacke durch den Leib – sehen Sie ...« Er dreht den jungen Mann wieder herum und klopft ihm dabei auf den Bauch. »Hier, an dieser Stelle, ist die Spitzhacke eingedrungen.« Er dreht ihn abermals herum, und diesmal klopft er ihm auf den Rücken. »Und hier ist der Kopf der Spitzhacke wieder herausgefahren.« Er reibt sich lächelnd die Hände. Der junge Mann dreht sich erneut um, mit starrer Miene, die weder freundlich noch das Gegenteil ist – ein kühles, beherrschtes Geradeausstarren –, ein klein wenig unsicher ist er sich vielleicht, ob er nun stolz sein soll auf diesen Unfall, der ihn zum Gegenstand des Interesses einer gaffenden Menge macht, oder unglücklich.

Der Vorführer hat eine Rauchschwade durch den jungen Herrn hindurchgeblasen, wo die Spitzhacke am Werk war, und nun tritt er zu einem anderen – diesmal zu dem verknöcherten Mann. Der Mann hat einen Spiegel am Hals, und von Zeit zu Zeit betrachtet er sich, wie er dort liegt und den Mund bewegt, weil das das einzige ist, was er tun kann. Viele Ringe mit blaßblauen Steinen zieren seine seltsam biegsamen Finger, und hin und wieder küßt er das Deckblatt einer Zigarre, die auf einen langen Stock gespießt ist.

Wir gehen weiter.

Der Lärm nimmt zu. Eine Traube Kinder äfft brüllend den Mann nach, der seine Waren ausschreit. Ein mageres kleines Mädchen, das aussieht wie eine alte Frau, tritt auf das Trottoir, das kurze stumpfe Haar straff nach hinten zu Zöpfen geflochten, die schmutzigen Hände in die Hüften gestemmt. Sie fängt zu krächzen an und imitiert die Menge: »Jedem sein Porträt ... Schö-ö-ö-ne Porträts von Baby und Mamma«, und dann mit einer noch unverschämteren Stimme: »Und das Bild von der lieben Frau, immer ranspaziert!« Ihrer großen, schrecklichen Fertigkeit haftet dennoch etwas Unfertiges an; sie scheint ein Ergebnis vergangener Schreie, Flüche, all des Gelächters, der Musik, der Tänze, des Getöses und der fröhlichen Dreistigkeit zu sein. Sie ist ein kleines Mädchen, das sich selbst aus der Gosse aufgelesen hat und zu diesem anzüglichen, eckigen Körper formt, indem sie sich gegen dies große Gelärme sperrt, gegen diese Geräusche, die ja, ach, niemals großartige Geräusche sind, sondern nur das Gezeter und Geschrei von tausend Kleinkrämern, die sich gerade einen Heller verdienen. Eine Handvoll Bonbons und Popcorn, einen Schwapps Sodawasser und Bier, eben was sich abstauben läßt.

Sie hat die Schuhe ausgezogen, damit sie ihre Verbindung mit der Welt so richtig fühlt. Wenn sie durch die heiteren, menschenwimmelnden Straßen geht, ist sie zu Hause angekommen; wenn sie im Rinnstein sitzt, hat sie ihren Mutterschoß gefunden.

Luna Park, Surf Avenue, etwa 1904

Ein Eiswägelchen mit blitzenden roten und gelben Flaschen kommt vorbei; denn in Coney hat man das Gefühl, die unbelebten Objekte seien die einzig Belebten und die Menschen seien nur dazu da auszurufen: »Endlich ist es so, wie es sein sollte ..., charakteristisch für den ganzen wilden Wirbel des übrigen Amerika«.

Wenn man um eine Straßenecke biegt, dringt einem Tanzmusik ans Ohr, und wenn man in die Dunkelheit eines langgestreckten Schuppens hineinblickt, sieht man einen alten Mann einen irischen Jig[16] vollführen. Auf einer Fläche nicht größer als ein Handteller steigt er empor und fällt wieder hinab. Der Boden ist sandbestreut, und wenn seine Füße ihn berühren, stiebt der Sand in alle Richtungen und läßt eine nackte Stelle, die dann wieder von seinem landenden Fuß bedeckt wird.

Dieser Mann ist alt, klein und hält sich sehr gerade. Wenn die Menge johlt, zuckt ein kurzes Lächeln um seinen Mund. Doch hört er immer noch nicht auf; hoch springt er, und nieder springt er, auf und ab, nieder, die Füße geschlossen oder aber ein bißchen angehoben, so daß er ihre Sohlen mit einer müßigen Bewegung seiner weißbehaarten Hand klopfen kann.

Der Mann am Klavier steckt sich die nächste Pfeife an, die Ziehharmonika dehnt sich. Eine Pause schließt sich an, in der man Fetzen der Histörchen an den Nachbartischen aufschnappen kann, Zeit hat, die Gesichter zu beobachten, wie sie in die schäumenden Bierkrüge ein- und wieder daraus auftauchen. Dann kommt ein anderer, größerer alter Mann heraus, und indem er genau an derselben Stelle der Dielen auftrifft, die der kleine Mann gerade verlassen hat, beginnt er die nächste Nummer.

Instinktiv spürt man, daß dies hier ein bißchen etwas anderes ist – diesen Schuppen durchweht eine Luft, die anderswo fehlt. Es ist wenig anspruchsvoll, es ist sogar schmutzig, doch es scheut sich nicht, natürlich zu sein. Selbst die Kellner wissen diese Tatsache zu würdigen und stehen lächelnd am Eingang oder sprechen Französisch mit irgendeiner stämmigen Frau mit rosigen Wangen, die ihr Kind stillt und sagt:

»Vous rappelez-vous notre douce vie?«

»Lorsque nous étions si jeunes tous les deux.«

Und dann gibt es noch ein anderes dieser Cafés, das demselben Mann gehört und wo irische Lieder durchaus am Platze sind und diejenigen, denen Irland einmal eng vertraut war, sich zu ihrem eigenen Vergnügen freiwillig melden.

In diesem zweiten Lokal traf ich Allen Norton, Bob Carlton Brown und Rose Watson. Wir bestellten, und Bob zeigte mir eine Nummer des ›Coney Island Splash‹, eines kleinen Blattes für Coney-Bewohner und alle, die bei ihren Sodas und Sandwiches gern etwas Französisches auf der Zunge haben. Allen konnte jedoch nicht bleiben, und er nahm die Zeitschrift mit, als ich gerade dabei war zu entdecken, was Beatrice Wood und Clara Tice gezeichnet und Harry Kemp geschrieben hatten.

Danach schlug Rose Steeplechase vor. Alle Luna-Lichter erglühten gerade, als wir die Surf Avenue überquerten und auf eine Runde Austern einkehrten, ehe wir dann die Türen des ›Funny Place‹ durchschritten.

Die Karusselle waren dichtbesetzt, als wir eintraten, und eine seltsame Erfindung, die ganz ähnlich konstruiert war, doch einen Wippeffekt hatte, war von Jungen und Mädchen bedeckt wie von Amseln auf einer Überlandleitung. Was die zwitscherten und ihre Federn ausschüttelten!

Prächtige, blankgewienerte Rutschen lockten uns, und wir legten uns Karnevalskostüme an und wagten uns hinab und immer tiefer hinab und hatten dabei ein Gefühl im Magen, als sei die Welt plötzlich auf eine Klippe gelaufen. Ein ruckartiges Eintauchen in eine Schüssel, wo wir wie wild herumgewirbelt wurden, endete schließlich auf kreisenden Scheiben, die unser Leben bis zurück zu unseren Ururonkeln sämtlicher Würde beraubten.

Als nächstes stiegen wir sich krümmende Treppenstufen hinauf, die uns vorwärtsschleuderten und wieder zurückrupften, bis sie endlich, durch unsere verhaltenen Schritte besänftigt, endeten und uns wohlbehalten auf

Dreamland, Surf Avenue, etwa 1905

unseren Füßen abluden, in schwindelnder Höhe auf einem Turm, dessen glattpolierte Spirale hinabführte in die Tiefen der Erde.

Wir sprachen unsere Gebete und setzten uns hin, schlossen die Augen und begannen unsere Talfahrt. Aufblitzendes Licht und erneut abgrundtiefe Finsternis, durch die wir mit Kleidern wie Fackeln hindurchwirbelten und auf den Gnadenstoß warteten, während wir all unsere höheren philosophischen Betrachtungen irgendwo da oben in Tageslicht und Luft gelassen hatten. Dann waren wir endlich wieder draußen, aufrecht stehend, aber ein bißchen wackelig, und hielten Ausschau nach Haarnadeln und Freunden.

Auf einer wirbelnden Plattform erspähte ich Bob, der herumfuhr wie eine Walnuß auf einem Hochzeitskuchen und dazu idiotisch lächelte.

Doch macht nichts, deshalb sind wir ja schließlich hier, und nun wollen wir erstmal nach unten gehen und etwas trinken. Das tun wir auch und schlendern hinaus in Gärten wie vielleicht jene in irgendeinem alten Roman, wo die Liebenden auf irgendeine alte Renaissanceweise Selbstmord begehen, indem sie Veilchen nibbeln – ein Garten, der gesprenkelt ist von den Lichtern der Leuchtreklamen und der Kabaretts.

Wir steigen in ein Riesenrad. Wir werden in den Himmel hinaufgedreht und bleiben dort mit zwei albernen kleinen Mädchen, die über Anachronismus reden und Anarchismus meinen. Doch das gehört alles zum Abendvergnügen und den fünfundzwanzig Dingen, die man tun kann oder nicht, einfach aufgrund der speziellen Kombination, auf die man sich anfänglich eingelassen hat.

Wir starren in den Himmel, und jemand sagt: »Sieht das nicht aus wie die Tuilerien?«, und jemand anders antwortet: »Schau nicht über den Rand, sonst wird dir noch schwindlig«, und ich denke, wie schön die Schatten dort unten sind, wo das Gras ist, und wie seltsam der Himmel ist in diesem Rad, das womöglich nie wieder hinuntergeht.

Doch natürlich tut es das in der stumpfsinnigen Art aller Mechanik und verdirbt auf die Weise einmal mehr eine vollkommene Tragödie.

Bis wir unten angelangt sind, ist Bob und Rose schon wieder etwas eingefallen, was man Allen für den ›Splash‹ andienen kann, und sie lachen, als sie durch den Park hinaus ins Freie laufen.

Und dann war da der Lunapark mit seinen Brutkastenbabies[17], die zu klein sind, um Namen zu haben, und zu seltsam für eine Adoption. Da sind die Boote, die ins Wasser tauchen, und die Lichter und das Lachen und die rosigen Zungen, die sich an das rosige Eis in den gelben Waffeltüten schmiegen. Und da ist der nette Pressevertreter, der lächelnd in der Tür seines Privathauses steht, und da ist sie wieder, Surf Avenue in ihrer ganzen Breite.

Man geht zum Wasser hinab und hört das eiserne Dampfschiff ablegen und wirft einen letzten Blick zurück vom Kai auf die seltsamen Gestalten, die einander etwas zurufen und mit den Armen wedeln und singen, und mit einem kleinen Erinnerungsbild von dem goldhaarigen Mädchen, das seine Locken im Sonnenuntergang trocknet, sagt man Coney ade und erwischt das Schiff gerade noch, ehe die Gangway eingezogen wird.

Als ich nach Hause zurückkehre, sehe ich das Mädchen, das den Arm um den Hals des jungen Mannes gelegt hat, dasselbe Mädchen, das Süßigkeiten gegessen hatte, und das kleine Kind, das seine Mütze über das Deck gejagt hatte, liegt jetzt schlafend im Schoß seiner Mutter.

Und bald höre ich auch schon die Glockenboje läuten.

NEW YORK MORNING TELEGRAPH SUNDAY MAGAZINE, 15. JULI 1917

TANGO NACH ART VON CONEY ISLE

Ein-, zwei-, dreimal ist der Kelch des Lebens geleert worden; ein-, zwei-, dreimal hat das Rad sich zu drehen und zu neigen aufgehört; ein-, zwei-, dreimal hat ein Mädchen, über eine polierte Tischplatte gelehnt, erlebt, daß nur ein Streifen Holz sie vom Garten der Liebe trennt, und noch jedesmal ist der Kelch wieder gefüllt worden, und noch jedesmal ist das Rad wieder in Bewegung gesetzt worden, und jedesmal stellt das holde Kind fest, daß der Garten Tränen auf den Blumen hat statt Tau, und doch werden immer wieder dieselben Szenen auf die Leinwand geworfen, die das Herz ist.

So erlebt denn die Nacht in Coney in einem schikken Hotel dasselbe Spiel noch einmal ganz von Anfang bis Ende. Unter dem Gleißen elektrischer Lichter, unter dem verführerischen Zauber der Kapelle hinter den Palmen glühen die aufrichtigen schwarzen Augen Thereses, lächelt der breite rote Mund, verleiht das nackenwärts gerollte Haar jenen Augen die Magie, die die Unterströmung dem Wellengang verleiht.

Das Kinn in die ringgeschmückte Hand gestützt, beobachtet sie die umhergleitenden, aufmerksamen Kellner, ihr Blick umfängt die farbigen Stielgläser, das Rot und Purpur und Gold, und langsam streift sie die Handschuhe ab, während eine Vielzahl von Frauen in prächtigen Spiegeln die ihren abstreifen. Eine Königin in Schwarz mit tausendfedrigem Hut, gönnt sie dem, was sich ihren Augen bietet, kaum einen Blick, und niemals umschließen ihre Finger den Stiel des Weinglases. Sie hält es mit Leichtigkeit, weil sie seiner gewiß ist, wie einer gewohnte Zuneigung handhabt. Ihre Blicke schweifen über das in lebhaftem Rot hingetupfte Krebsfleisch, das in seinem Bett von Blattgrün vor ihr liegt – Meer und Land in Fruchtbarkeit vereint; die Farbvorstellung, die die Kunst dem Hunger abgerungen hat.

Doch entging ihr niemals auch nur ein Schritt der tanzenden Paare, wie sie sich aneinander schmiegten, dahinglitten, sich bogen, sich einander entzogen, zusammenkamen, spöttischen Fußes der Schwerkraft spottend, Liebkosung des schleifenden, gleitenden Schritts, der Mann über die kleine Frau geneigt, die engumfaßte, die ihm wie ein Schmetterling an die Brust gepiekt ist.

»Was für ein Kleid«, murmelt Therese über ihrem Glas, und ihr träger Blick hebt sich über seinen Rand und gewahrt die hellen Flecken zwischen den rauchenden Männern, die verräterische, hoch aufwallende Feder, die anzeigt, daß da eine Frau eingewilligt hat, für einen Tanz jemandes Partnerin zu sein.

»Sieh dir mal den an, wie der gleitet«, empfiehlt der Mann hinter den Lichtern.

Die halbprofessionellen Tänzer, die aus Gründen der Geselligkeit auftreten, stechen gegen diejenigen ab, die schon einige öffentliche Auftritte hinter sich haben. Sie sind schneidig – doch innerhalb der Fesseln der Schicklichkeit, weil sie schneidig sind mit abgewandtem Kopf. Sie beugen das Knie in Kleidern, die zum Bummeln gedacht sind, und weil sie nicht sehen, merken sie auch nichts.

Zuweilen tritt der Besitzer näher, und ein Paar erfährt, daß es Grenzen gibt. Das erfährt auch Therese, während sie mit wegwerfenden Schritten das Wunder des Tangos meistert.

»Wollen wir uns nicht etwas zu essen bestellen?« regt er an, um der peinlichen Lage eines Menschen zu entrinnen, der mitten im Exzeß einer wundervollen Bewegung angehalten worden ist, der Gefangennahme durch die Musik, die die Füße rührt. Therese nickt, streicht sich das Haar mit gebeugten Fingern zurück und schlängelt sich zwischen den Schmachtgestalten der Frauen hindurch, die über den Saal verstreut sind, kaum greifbarer, kaum widerstandsfähiger als der Chiffon, in den sie gewandet sind. Das Tuch beginnt seine Mission gleich unterhalb der Kehle und endet gleich oberhalb des edelsteinbesetzten Pumps, wobei Spitze jeweils nur als schmiegsamschützendes Gefältel hervorlugt. Da sind diese Geräusche, die man nirgendwo sonst hören kann als in einem Vergnügungslokal: das Knallen der Korken und das verhaltene, hohe Lachen der gelangweilten Schönheit, Andeutungen lebhaften Blitzezuckens vor rasch wechselnder Szenerie, unterlegt vom gedämpften Donner eines Männerlachens.

Die Berufstänzer gehen an ihre Plätze zurück und bestellen sich Erfrischungen. Die vier alten Frauen dort drüben bewundern das dunkle Gesicht des Tänzers, während der mit selbstbewußtem Blick Sassaparilla nippt, einen schwarzen Lackschuh hinter den anderen gesetzt, schmuck, beherrscht, gewärtig, daß sich ihm zu Füßen Anbetung ergießt. Die Frauen mittleren Alters, die Automobile und bemalte Wangen haben, werden ihn verwöhnen,

wenn sie können. Sie beugen sich über seinen Tisch, werfen schwarze Umhänge zurück, die wunderbare Abendkreationen enthüllen, versuchen, den Tänzer zu bestricken, der sich, wenn es ihm langweilig zu werden beginnt, erhebt, einen Augenblick zwischen ihnen umherläuft, in dies Ohr ein tröstliches Wort murmelt, in jenes Gesicht lächelt, eine weiße Hand über eine andere streichen läßt, sich verbeugt und auf die Lichtung hinaustritt, sobald die Kapelle einsetzt. Irgendwie kommt das rosagekleidete Mädchen, das mit ihm tanzt, zu ihm, wie der Sonnenuntergang sich anpirscht und den Berg für sich fordert, und schon trägt es sie hinweg über den schimmernden Boden.

»Wenn man sich vorstellt, daß jede den kriegen kann«, murmelt Therese, die ihm mit den Blicken folgt, »wenn man sich vorstellt, daß schon in wenigen Augenblicken die alte Frau in Schwarz und Grün dort tanzen wird, wo jetzt das hübsche junge Ding ist, oh, da kommen sie ja.«

Und sie kommen in der Tat. Der Mann hinter den Lichtern lächelt, denkt jedoch nichts. Wenige Menschen finden an einem solchen Abend Gelegenheit zu denken.

»Sollen wir nicht einen kleinen Gang machen?« erkundigt er sich, doch sie schüttelt den Kopf. »Ich glaube, ich bestelle mir ...« Ihre Stimme verliert sich, während sie ein Fetzchen Klatsch vom Tisch hinter ihr auffängt. »In die Berge gegangen, wird sich hier eine ganze Weile nicht blicken lassen. Abgehauen, was sagst du, mit der Stenotypistin oder so etwas ... Angeblich ist sie dreißig, wenn sie ihren guten Tag hat, und kommt trotzdem hierher. Der einzige hier, der kein Parfüm benutzt ... Der ist nur hier, um sich mit Muskelarbeit am Leben zu erhalten ... Trink nichts mehr, sonst wird dir schlecht.« Therese zuckt die Achseln und denkt, daß ihre eigene Unterhaltung unter all den anderen vielleicht einen interessanten Akzent setzen könnte. Sie versucht es mit folgendem Treibmittel:

»Du hast mich noch niemals auf den Spazierweg mitgenommen, wo die Gischt drüberfliegt. Ich glaube, du hast Angst.«

»Angst wovor?« Das möchte er doch genau wissen.

»Angst davor ... naß zu werden.«

»Ich habe vor gar nichts Angst«, sagt er kühn, »ich habe keine Angst vor Spinnen oder Polizisten, vor Kleidern mit dreißigtausend Haken am Rücken oder vor der Gesellschaftsspalte in den Abendzeitungen, und, was sagst du, ich habe keine Angst vor dem Aufseher an der Tanzfläche.«

Sie zuckt einmal mehr die Achseln. »Gib mir meine Stola«, sagt sie matt und wendet den Blick wieder dem Saal zu.

Vielleicht beginnt der interessanteste Teil des Abends mit dem Eintreffen der erschöpften Paare, die den Tag am vulgären Ende von Coney bewältigt haben und am Ende von Coney überwältigt worden sind, erschöpft vom Geschiebe der Vergnügungsparks, erschöpft von Popcorn und Zuckerzeug, erschöpft von den Filmvorführungen, übersättigt von Sand und See, schleppenden Schrittes, lustlos, so kommen sie herein, halten sie Ausschau nach einem Tisch, träge, mit einer Hand die Schlaufe über den Knopf ihres Abendcapes schiebend, der Mann unmittelbar hinter der Frau, den Kopf hin und her wendend, das Kind, das sein winziges Püppchen an sich drückt, völlig spielsatt, so lassen sie sich mit Todesverachtung übers Parkett treiben, fallen auf die Stühle und sagen etwas in der Richtung: »Him-

Dreamland, ›Schlittenfahrt durch die Schweiz‹, etwa 1905

N.Y.
27565.

mel, bin ich erledigt!« Es folgt das Getaste nach Streichhölzern. »Was möchtest du denn, Schatz?« Die Streichholzflamme zuckt auf, und Rauch steigt aus einem Mund auf, der schon vor Erschöpfung welk ist. »Ich könnte Kissen in die Luft blasen statt Ringe«, murmelt er, und sie bestellt Suppe. Sie ist fast zu müde, um sich für die Kleider zu interessieren, die begutachtet werden wollen, aber doch nicht zu müde, um ein, zwei der aufsehenerregendsten zu bemerken. Das purpurrote Crêpe de chine mit der roten Schärpe und die rothackigen Pumps ziehen ihren Blick auf sich, sie ist besänftigt, ohne es zu wissen. Die Mode weckt ihre Lebensgeister und seine ebenfalls. Er schlägt die Beine über, lehnt sich zurück und beobachtet die Tänzer. Es ist das logische Ende eines Tages, der zu prall gefüllt war.

Die Spätankömmlinge kommen mehr auf ihre Kosten als diejenigen, die schon bei den ersten Takten des Orchesters da sind, weil sie sich lediglich der Zufriedenheit bewußt sind, die nach dem Eintreffen und der Sorge um die Essensbestellung und dem Ablegen der Hüllen eintritt. Sie sind zum Dessert drin, wenn man es recht bedenkt.

Bald halb eins, und alles strebt zur Tür: die korpulente Frau, an der Perlen vergeudet sind, weil sie sich in ihren Nackenfalten verlieren. Die dünne, große Frau, die die scharfen Konturen ihrer Gestalt durch stählerne Schnallen und Diamanten noch unterstreicht. Die Männer, denen bewußt ist, daß sie das alles bezahlt haben, daß sie ein Teil der Veränderung des Lebens von Coney sind, eines Coney, das vor ein paar Jahren noch nahezu jede Art von Tanz toleriert hat und das nun nichts mehr toleriert, das ans Sensationelle grenzt.

»Laß uns im Mondschein über den Strand laufen«, schlägt Therese vor, »da sehen die Wellen aus wie lauter Streifen aus zersplitterten Bierflaschen.«

Das alte Coney macht dicht – es schließt nicht etwa, nicht doch, sondern es verändert sich, und wir wüßten schrecklich gern, wie diese Entwicklung wohl aussehen wird. Wir wüßten schrecklich gern, wie anstößig die Gesellschaft wohl sein wird, wenn sie schicklich ist.

BROOKLYN DAILY EAGLE, 31. AUGUST 1913

CRUMPETS UND TEE

Der Fremde, der zufällig durch die vielen kleinen Nebenstraßen käme, die die Fifth Avenue zum Ziel haben – falls es solche zufällig irgendwo vorbeikommenden Fremden in New York überhaupt gibt, – würde höchstwahrscheinlich in diesen städtischen Bauden soviel Waffeln und Tee konsumieren, daß besagter Fremder gar nicht zur Besinnung käme.

Ein Perückenmacher vom ›Strand[18]‹, ein Chouan[19] aus der Bretagne oder ein Student aus dem Quartier Latin würde in unseren Teestuben jene Atmosphäre – halb traurig, halb anspruchsvoll – vorfinden, die fast schon europäisch ist. Gleichzeitig geben sich diese Teestuben alle Mühe, antiquiert zu erscheinen, indem sie mit Connecticut-Möbeln früher Stilepochen aufwarten.

Mit welchem Erstaunen würden unsere Vorfahren nicht auf diesen Teil New Yorks blicken, in dem wir uns in unseren müßigen Augenblicken niederlassen, wenn wir nichts Besseres zu tun haben, als crumpets und Tee zu genießen! Dabei denke ich ganz besonders an eine Teestube, diejenige, wo ich schwedische Waffeln schätzen gelernt habe.

Diese Teestube befindet sich am oberen Ende einer Wendeltreppe, die sichtlich mitgenommen ist vom jahrelangen Auf und Ab ihrer Benutzer. Wo man hereinkommt, stehen kleine braune Teekannen auf einem Regalbrett, wie rundliche Herren in Smokinghemden. Die Vorhänge sind überpudert von Blütenzweigen, die dieselbe blauweiße Farbschattierung haben wie die Teetassen. Hagere Frauen mit traurigen Gesichtern unter weißen Rüschenhäubchen fragen einen, was man möchte; man bestellt und sieht sie hinter einem weißen Stück Blümchenvorhang verschwinden, hinter dem das Gesirre siedender Wasserkessel zwischen Batterien gebutterter Zimtschnitten und scones aufsteigt.

An einem langen Refektoriumstisch am hinteren Ende des Raumes sitzen zwei weißhaarige Damen. Die Kupferkannen, die an der Wand hängen, reflektieren die Flammen eines hellbrennenden kleinen Feuers und werfen gelegentlich einen rötlichen Fleck auf ihre hohen, weißleuchtenden Kragen. Sie flüstern miteinander und stören die beiden großen Kameen auf, die auf ihrem Busen liegen. Vor ihnen liegt ein Ordner und ein kleines Häufchen Rechnungen. Die nehmen sie sich eine nach der anderen vor und streichen sie mit ihren langen, mageren Händen glatt, dann wenden sie sie hin und her und sagen dabei mit volltönenden Stimmen: »Vierunddreißig, fünfunddreißig, sechsunddreißig.«

Der Gast blickt weg und betrachtet die Stühle mit den hohen Rückenlehnen, die steif an den wurmstichigen Tischen stehen. An der Wand hängt ein Teppich – eine Dame auf einem tänzelnden Pferd. Ein Samtkäppchen sitzt keck auf den rostroten Locken und auf ihrem Arm ein Falke.

In diesem Lokal ist alles von Zwielicht beherrscht – Zwielicht der Antiquitäten, Zwielicht des Alters, Zwielicht der Seele. Prächtige Kupferschilde hängen, von Lanzen durchbohrt, vom Dach herab, und ihnen gegenüber liegt auf einem Eichentisch die Bibel, aufgeschlagen beim Buch Hiob.

Unter diesem Raum, der auf einen kleinen Hof voller Statuen und Brunnenschalen, brüllender Löwen und kleiner Cherubim mit üppigen Weintrauben hinausgeht, befindet sich ein großer, staubiger Raum voller alter Stühle. Nur durch einen Spalt fällt Licht herein und ergießt sich über einen Druck – einen alten Jockey mit sehr roter Mütze und stark angewinkelten Beinen, der sich tief über den Hals seines Pferdes beugt. Eine staubige Shakespearebüste thront mißbilligend über dem Ganzen – hohe Stirn, dichtes kleines Bärtchen, durchsichtige Lider. Ein langarmiges Mädchen steht unentwegt hinter diesen Dingen, einen Staubwedel in der Hand, der doch niemals das Grau von ihrem Leben fortwedeln kann oder das Alter, das ihr durch die Augen sickert. Draußen wachsen in kleinen Kästen gelbe und rosafarbene kleine Blumen.

Manchmal mühen sich Damen mittleren Alters mit vernünftigen Absätzen an vernünftigen Schuhen langsam die ausgetretenen Stufen hinauf und, unter üppig fließenden schwarzen Schleiern, in den im oberen Stockwerk gelegenen Raum. Dann sind dort noch die munteren Studenten mit ihren rotgrünen Cordmützen und der Mappe unter dem Arm oder irgendeinem kleinen Abguß von irgendetwas in einem feuchten Tuch.

Yeats schaute aus demselben Fenster hinaus, aus dem der Gast nun hinausschaut, auf denselben Hof, der mit derselben Flagge aus diagonal unterteilten Feldern gepflastert war, und roch den Duft von heißen Pickles und Frankfurtern, der auf dem Höhepunkt eines heißen Sommernachmittags nach oben steigt, oder vielleicht dachte er auch:

Of some too dewy evening where
  Great lilocks leaning peer and loom,
A lady walks with skirts a-flare;
  A hooped thing that spreads to bloom
Each time her tiny foot moves out,
  And shakes the foamy lace about.
Stooping she picks a crimson phlox
  The while a saucy catbird mocks,

The silver laughter wedged in
  Her little mouth. The soft cleft chin
Trembles quickly: her bosom heaves,
  One perfect tear shows much she grieves
That gardens are such curious things
  Until the tom boy catbird sings!

Und dann gibt es da noch eine andere Teestube, irgendwo unweit der Forty-fourth Street East, wo man vor langer Zeit einen jungen Slawen sehen konnte, der dort saß und seine üppig bemessenen Füße auf der anderen Seite des Tisches aufgebaut hatte, als seien sie seine Gäste. Manchmal sang er, während er auf die gemodelte Butter und die Brötchen wartete, und manchmal warf er auch einen zustimmenden Blick auf die hohen Hauben der Kellnerinnen in ihren knappsitzenden Miedern und gefältelten Röcken. Oder er machte auch eine Bemerkung etwa des Inhalts, daß alle Teestuben von Engländerinnen geführt würden, »die offenbar nichts auf die Rippen kriegen« könnten. »Für Essen hegen sie tiefe Verachtung«, setzte er dann hinzu, »und für Steingut höchste Verehrung«, und er lachte.

Es gibt sie tatsächlich, diese sprichwörtliche Schlankheit der Teestubeninhaberinnen, ihre verächtliche Einstellung gegenüber dem Essen und ihre unerschöpfliche Leidenschaft für Porzellan. Diese Lokale sind gewöhnlich vollgehängt mit Tellern, Tassen und Krügen, und auf Regalbrettern reihen sich alle erdenklichen Untertassen in allen erdenklichen Größen und Mustern aneinander und bieten dem entzückten Auge den Schaum ihrer gemalten Blumen und ihrer glasierten Früchte und Fische dar.

Was Zola wohl dazu sagen würde? Wenn seine Pariser Märkte Entsetzen und Ekel in ihm hervorriefen, wenn seine beleibten bourgeoisen Ladenbesitzer seine Seele mit Grauen erfüllten, hier hätte er angesichts des spärlichen Angebots an Eßbarem und dünner, flinkäugiger Frauen, die alles an ihre ästhetischen Kuchen und den dünnen Tee wenden, Frieden gefunden.

Ach ja, das war vor langer Zeit, vor dem Krieg, als man in aller Muße Tee nippte und Zeit für Mutmaßungen und Beschreibungen und hin und wieder einen Gedanken hatte. Vor langer Zeit war das, als die dickste Schlagzeile von einer Scheidung oder einem Brand handelte und als auch das Schweigen zu seinem Recht kam.

Diese Zeiten sind zwar vorbei, aber wir kehren dennoch zu unseren Tassen zurück und zu unseren scones, und wir sprechen über den letzten Roman und die Gedichte von Amy Lowell und die Batiken von Miss Slade und lauschen Sydney hingerissen, wenn er von der Kunst des kurzen, unbedeutenden Essays spricht, wie er zur Zeit Lukas' geschrieben wurde, oder vom Niedergang von Feder- und Tuschzeichnung seit Picasso.

Amy Lowell

Wenn man die Thirty-fourth Street stadtabwärts hinunterschlendert, biegt man auf einmal um die Ecke und sieht sich unmittelbar mit Blumentöpfen in grünen Kästen und einem Jockey mit roter Mütze und Breeches konfrontiert. Tritt man durch den Eingang, steht man der schlanken Engländerin gegenüber, die hinter ihrem Pult sitzt und mit einem Füllfederhalter Buch führt, während die Gäste in den Nischen ungeduldig auf Orange Pekoe und buns warten.

Diese Teestube wird von Damen mittleren Alters besucht, die ihre Ungeduld ebenso mitbringen wie ihr Strickzeug, und noch von anderen seltsamen Mitgliedern der Gesellschaft. Da gibt es beleibte Herren in Karoanzügen, kotelettentragende Parvenüs, ›Lebemänner‹ mittleren Alters, die den Anschein der Schönheit mit Hilfe ihrer Löckchen, ihres Geschäftssinnes, ihres gewitzten, intensiven Blicks aus kleinen, zusammengekniffenen Äugelchen, ihrer Wohlgelauntheit, ihrer stets zu einem anerkennenden Lächeln bereiten Lippen, ihrer Welterfahrenheit erwecken, wobei letztere sich insbesondere in jenem kurzen Auflachen zu erkennen gibt, das sich unsere Vorfahren gönnten, wenn in der elisabethanischen Komödie der Held den Vater um die Hand der Tochter bat und dazu ausführte, er werde niemals müde werden, sie mit der größten Hingabe zu umhegen und zu lieben.

Diese und andere, die großzügige Reiseplaids oder Schultertücher tragen, begehen kleine Mogeleien mit dem Zucker und mit Blicken und scharen sich zusammen, um mit aufgestützten Ellbogen die politische Entwicklung zu diskutieren – alle, bis auf den ›Lebemann‹, der sein gewaltiges, alles in den Schatten stellende Wissen um ein enttäuschendes Universum dadurch unter Beweis stellt, daß er die Daumen in die Weste hängt und mit den übrigen acht Fingern seiner so verankerten Hand dagegen klopft. Diese Stallungen haben niemals etwas vergleichbar »nach Pferdestall Riechendes« enthalten wie einige dieser Herren es sind, auf der anderen Seite gab es niemals sonst etwas derart Zurückhaltendes wie einige der Teetrinker aus Harlem, die sich die Hörnchen mit besonderer Sorgfalt buttern und dabei auch die Ränder nicht vergessen.

Eine andere um Originalität bemühte Teestube in den späten Dreißigern hüllt sich in tiefe Düsternis, die freilich dadurch aufgehellt wird, daß der dahinterliegende Hof mit Hilfe einer Menge Schaukelstühle und Weinranken und rustikaler Tische in einen Garten umgewandelt worden ist, wo junge Männer sitzen und über einen dekorativen Selbstmord, eine harmonische Art und Weise nachdenken, wie man die Welt so verlassen kann, daß sie einem etwas schuldig bleibt.

Und dann ist da noch die Teestube, die ich niemals wiedersehen werde, weil sie ganz am Ende einer Erinnerung untergetaucht ist, die selbst Barry nicht wiederfinden könnte, sollte er den ganzen Weg in die Jugend zurückkrauchen und auf Händen und Knien unter Tränen und Lachen nach ihr suchen müssen. Doch ich erinnere mich der Sonnenschirme, unter denen wir saßen, und des gestreiften Tischtuchs auf unserem Tisch und des jungen Mannes mir gegenüber, der mir von Plattsburg erzählte und wie schrecklich es gewesen sei, nach der einmaligen Ausbildung in Plattsburg nach New York mit dem nichtigen Gehabe der Bourgeoisie zurückkehren zu müssen.

Dieser Mann hatte viel von dem Gentleman jenes Schlages, den es peinlich berührt, bei seinen Gedanken ertappt zu werden; der zu reden anfängt, errötet und sich verhält, als sei er nicht nur beim Stehlen von Marmelade erwischt worden, sondern auch noch dabei, daß es ihm Spaß gemacht hat. Dieser Typ Mann weiß immer, wie man einer Frau den Handschuh zuknöpft, wie man ihr das Schnürband bindet und ihr die Finger küßt, er wäre jedoch völlig hilflos, wenn sein Diener ihm die Manschettenknöpfe auf dem Tisch zurechtlegte statt auf dem Toilettentisch. Er trägt zwar eine Brille, doch käme man nie auf den Verdacht, daß er sie nicht deswegen trägt, weil die Augen schlecht sind, sondern weil die Brille gut ist. Er hat gleichzeitig Probleme mit seinen Faibles und seinen gesellschaftlichen Grundsätzen und mit jener verborgenen Macht, die ihn im richtigen Augenblick dorthinauftreibt, wo er dominiert, oder ihn unvermutet in jene Verzweiflung stürzt – das Eingeständnis, daß die Welt einfach unsäglich seltsam ist –, die wir Selbstzerstörung nennen; ein Mann, der unweigerlich zerstören oder zerstört werden muß.

Ja, und so kam es denn, daß er und ich und all die anderen zu unseren crumpets mit Tee gegangen sind, uns über unseren Tassen kennengelernt oder einander aus den Augen verloren haben, während wir nach einem Stück Würfelzucker langten. Orte, wohin niemals jemand zurückkehrt, die jedoch stets besetzt sind. Kleine Lokale, wo man unter all den unzähligen Schemenhaften, die kommen und trinken und, während sie noch trinken, zahlen, gelegentlich auf eine echte Persönlichkeit trifft, eine Frau auf einem Stuhl mit hoher Lehne mit einem Paar französischer Augen unter einem blonden Pony, ein seltsames flachbrüstiges Geschöpf, das versessen ist auf Porzellanmalerei und Miniaturen im persischen Stil; eine schmachtende, heißblütige Frau, die im Dezember in Brand steht und keuchend den Sommer durchlebt; eine Frau, vor der man Angst haben muß, denn da ist mehr am Werk als die Wirbelsäule im Einklang mit den Kopfbewegungen; eine seltsame, ganz unverzeihliche Person, die es schafft, daß man an der Gesellschaft und der Evolution und einer ganzen Menge bestens eingeführter Theorien über das Sein zu zweifeln beginnt.

Und immer und überall überwiegen die dünnen Engländerinnen, und immer und überall dominiert das Porzellan, und immer und überall sind die Vorhänge aus geblümtem Stoff, und immer und überall sind die Blumenkästen rot von Geranien, wie man, wenn man sich die Treppe hinaufmüht, immer auf dasselbe Detail, dieselbe Vorliebe für alte Möbel, dasselbe Kupferzeug und die Reihen blanker Kannen stößt. Die Spiegel, die Klapptüren, die beim Buch Hiob aufgeschlagene Bibel, den langen Refektoriumstisch, die Stapel grüner Rechnungen, die beiden weißhaarigen Damen mit ihren von leuchtenden flämischen Kragen umschlossenen Hälsen, den beiden Kameen, die sich langsam auf und ab bewegen, wenn sie gemeinsam zählen und den Haufen Papier vor sich glattstreichen: »Vierunddreißig, fünfunddreißig, sechsunddreißig, siebenunddreißig.«

Oder man begeht den Fehler, ins Plaza oder Ritz einzukehren, und bekommt niemals irgendetwas davon mit.

Oder man verfehlt es, weil man jenseits der Forties stadtaufwärts läuft oder unterhalb der Twenties, oder man geht auf der falschen Straßenseite, oder man kramt in seinen Taschen und stellt fest, daß man nur noch Geld für den Bus hat, und wenn man den dann stattdessen nimmt, dann findet man sich an seiner Endstation wieder, in jenem kleinen Bereich der Stadt, der nichts weiter ist als ein Höhlengang, ein Dachsbau, ein Dorf voller Teestuben. Dann ist man natürlich für immer verloren.

NEW YORK MORNING TELEGRAPH SUNDAY MAGAZINE, 24. JUNI 1917

DIE BOHEME, VON NAHEM BESICHTIGT

Vier Uhr nachmittags, und jemand hat ein Glas Wein vergossen – es kriecht über das Tischtuch und verbreitet sich zu einem Muster von trübsinnigem Rot – es ist Morgen im Land der Bohème.

In dem kleinen Hinterzimmer mit seinen schiefhängenden Bildern liegt König McGrath, fernab vom lärmenden Gewühl – den Kopf in die Hand gestützt, schaut er der Jungfrau ins Gesicht, die an die Fassade der Kirche genau gegenüber seinem Drei-Bretter-Bett gemalt ist. Ja – der König hat eine Erkältung.

Und während Jack so liegt und ins gemalte Antlitz der Jungfrau starrt, während die Abenddämmerung eines muffigen Hausflurs durchs immer größer werdende Schlüsselloch eines Hauses, das früher einmal etwas hergemacht hat, kriecht – wie sich die Lippen des Trunkenbolds, der einst ein Mann war, immer weiter auftun –, erhebt sich aus ihren erlesenen Laken, in geköperter Pracht, so daß lang schon erstickte Myrte auffliegt aus zerknitterter Spitze, die Königin, und ich kann Ihnen ihren Namen nicht nennen.

Ja, der Tag hat für Greenwich Village begonnen. Die Kellner im Brevoort und im Lafayette fangen an, das Gefieder zu spreizen, sind sie doch die einzigen Kellner der Welt, die keine Hemmungen haben, ihre innersten Sehnsüchte zu kultivieren – mit anderen Worten, sich eine individuelle Seele zuzulegen.

Nun ja, ist das Land der Bohème etwa keins, wo jeder genauso gut ist wie jeder andere – und muß ein Kellner nicht ein bißchen weniger als ein Kellner sein, um einen guten Bohémien abzugeben? Deshalb sagt nur nichts, Ihr aus der Bronx, wenn er sich in aller Öffentlichkeit über Euch lustig macht, weil Ihr Pastinaken wolltet, wo doch Artischocken auf der Speisekarte stehen. Das hat nichts weiter zu bedeuten, das ist nur seine Seele, die nach dem Höheren strebt. Er hat das Gefühl, daß er erst einmal verächtlich sein muß, ehe er Nietzsche werden kann.

Zwischen dieser Stunde und sechs Uhr, die als Polly's Stunde oder als Stunde des Dutch Oven oder des Candle Stick bekannt ist, versammeln die Teesüffler und die Cocktailträumer sich allmählich im Kellergeschoß des Brevoort. Oben herrschen Wohlanständigkeit, Ehefrau, Kinder, Musik; eine Geige läßt eine traurige Weise erklingen wie die melancholischen Amseln auf der Telegraphenleitung mit ihrem geschwätzigen Sirren. Im Kellergeschoß ist alles, was sich nicht gehört: kesse Mädchen in grellbunten Hängern oder der Art von ausgefallenen Kleidern, die denen, die in ihnen stecken, Grimassen zu schneiden scheinen, so wie die Kleider von Gaugh. Wilde, wilde Exoten der Einbildungskraft – Auswirkungen von Bakst[20]. Männer, die Arme voller schwerer Literatur, die Taschen voll leichter Münze, mit prächtigen Krawatten – halt, Allen Norton hat sie ja beschrieben:

»... Die Krawatte, die allböse /
Die verrückt macht wie der Mond, und schaut er sie /
Sich wendend, sinkt der Streiter für die gute Sitte nieder.«

Und dann noch – doch nein, Sie können sich die blinkenden Satinkrawatten, die gewebten Klagelieder gewiß vorstellen, die die Musik außerhalb der Kehle besorgen wie der Kehlkopf im Innern.

»Einen Schnaps, Tito –«, das geht an ihren neuesten Liebhaber, einen herrlich hingegossenen, einen gutaussehenden Mann von fünfzig Lenzen, keinen hiesigen allerdings; ein Italiener vielleicht oder ein Russe oder ein Franzose, denn die Boheme hat eine Vorliebe für die ausländische Machart. Ich persönlich teile sie durchaus; der Ausländer lügt so bestrickend, er ist auf so gekonnte Weise ein schlechter Mensch. Vielleicht kommt das daher, daß er ein besserer Gelehrter der Natur ist oder ein besserer Lügner – ein Gelehrter der Augenblicke fern aller Gelehrsamkeit. Er besitzt das Geheimnis des unverwässerten Glücks und des unverwässerten Schmerzes. Erkenntnis beider, Anerkennung beider, Liebe zu beiden, das ist alles.

Tito bestellt den Schnaps – und befühlt dabei die Münzen in seiner Tasche. Ob das zum Zahlen reicht? Ist ja auch nicht so wichtig, denn der Raum ist voll von solchen Verlegenheiten wie der seinen: Niemand kann zahlen, und alle tun es.

In einer Ecke sitzt ein Impressionist mit einer Frau. Ich kenne den Mann sehr gut; er hat ein Falkengesicht, ist dünn und gehört für mich zu denen, über die zu erzählen sich lohnt. Er hält den Kopf leicht gehoben und entblößt so ein weiches Bündchen, an dem mattschimmernde Mondsteine sitzen. An den Fingern hat er rote Gemmen und auch grüne; diese Finger liegen über der Krücke seines Handstocks, als seien sie eigenständige Persönlichkeiten und erheischten entsprechende Aufmerksamkeit. Er weiß, wie man gut riecht, beredt gestikuliert, und vor allem versteht er sich auf die Kunst, nach mittlerem McKinley auszusehen, mit einem Hauch von Louis bzw. der Anfälligkeit jener Periode. Er spricht ein atemloses Englisch, bläst dabei ein

Hotel Brevoort,
Fifth Avenue/Eighth Street

15
HOTEL BREVOORT

Kerzlein ums andere aus und verlischt schließlich in absoluter Gesprächsfinsternis.

Das Mädchen kenne ich ebenfalls. Ihr Haar ist kurz (ein Beweis dafür, daß die Bohème am Ende doch so sehr wie alle anderen ist, daß sie nicht einmal hierin originell sein kann); sie hat eine historisch bedeutende Vergangenheit. Sie ist eine der besten Verliererinnen, die ich kenne – sie hat sämtliche Krankheiten des medizinischen Jahrbuchs, und sie macht sich nichts daraus. Lachend wurde sie geboren, und so wird sie auch sterben – das Lachen eines Jungen, ein Lachen, das im Rinnstein erblüht wie eine Blume. Sie raucht Zigaretten, vielleicht hundert am Tag. Ich habe sie in der Asche nach Kippen von ›Selbstgedrehten‹ wühlen sehen, während noch schwach der Duft derer für einen Dollar die Schachtel in der Luft hing. Ich habe ihr zugehört, und ich habe gelacht, doch im tiefsten Innern, das weiß ich, hegte sie Dinge, deren Lebendigkeit sie fürchtete – Kinder der Erinnerung und jene Erinnerungen, die wiederum Kinder sind.

Sie ist völlig ungehemmt und tanzt einen Abend lang, sie wird schrecklich betrunken, denn sie kann nicht mehr dasselbe vertragen wie damals, als sie, gut zehn Lenze früher, ein Mädchen war. Alles, was das Leben beinhaltet, hat sie sich geborgt, um es einmal selbst in jenen langen, mageren Händen zu halten – nur die Augen verändern sich nie. Sie schauen aus ihrem Gesicht wie das Kind, das über die Mauer späht, wohinter der gesamte Abfall des Lebens zusammengewirbelt und hängengeblieben ist. Es ist etwas zugleich Schreckliches und Schönes; sie heißt – lassen wir es hiermit bewenden.

Doch gehen wir weiter; es ist zum Lachen.

Manchmal enthält ein Raum eine Atmosphäre, und manchmal enthält er eine Menschenmenge. Diese Räume, diese Ateliers, diese Cafés – sie werden eines Tages zu Staub zerfallen, doch wenn er fällt, wird er singen, der Staub.

Eines Abends stand ich an der Ecke Sixth Avenue, wo sie die Greenwich Avenue kreuzt, und als ich dort stand, sprach eine pelzbesetzte, schmuckbehängte Frau mit zwei staksigen Töchtern mich an. Die Unruhe in ihren Augen mutete mich, die ich daran gewöhnt war, in die ruhigen, oft trägen Gesichter meiner Umgebung zu blicken, seltsam an. Die Augen der Frau wandten sich hierhin und dorthin und die ihrer Töchter ebenfalls. Man mußte den Eindruck haben, daß hier der Verlierer nach dem Verlorenen Ausschau hielt.

»Wo ist Greenwich Village?« fragte sie und schnappte nach Luft.

»Hier, wo wir stehen«, antwortete ich und sah sie schon zusammenbrechen.

»Aber«, stammelte sie, »man hat mir doch von alten Häusern und komischen Frauen und Männern erzählt, die auf dem Bordstein sitzen und den Polizisten Gedichte aufsagen oder nach Brötchen fischen, die vom Regen in den Battery Park gespült werden! Ich habe von kleinen Lokalen gehört, wo die Frauen rauchen und die Männer zärtlich werden und getanzt wird und gelacht und nicht viel Licht ist. Ich habe von Häusern gehört, die wie Zebras gestreift sind, golden und silbern, und von Kleidern, die – schnell, schnell!« schrie sie, hörte mitten im Satz zu sprechen auf und packte, ganz genau wie die Weiße Königin in ›Alice hinter den Spiegeln‹, beide Kinder bei der Hand, während sie davoneilte: »Da ist ja so eine!«

Und so ließ sie mich bloß wegen einer Frau in einem Gingankleid mit einer Mappe unter dem Arm stehen.

Ich hörte, sie sei ihr erfolgreich bis zu Polly's auf den Fersen geblieben und habe, drinnen angelangt, mit angehaltenem Atem dort gesessen – angehalten ob der kleinen geistigen Parüren, die aus den Kehlen von Ada Forster, Adele Holiday, der entzückenden Dauerdebütantin, von George Baker, René Lacoste, Dave Cummings, Maurice Becker, Marney und Billy von Tisch zu Tisch flogen, während an einem anderen Tisch Harold Stearns zwischen zwei Löffeln trügerischen Tapiokapuddings mit Francis Gifford sprach.

Doch Madame Bronx war es immer noch nicht zufrieden. Sie segelte davon, die beiden Töchter staksten mit unsicheren Sheffield-Farm-Fesseln hinter ihr her, hinauf zum Dutch Oven, wo sie zuhörte, wie Floyd Dell Max Eastman das Drama erklärte, oder aufschnappte, was sie für gewagte Fetzen der Unterhaltung zwischen Marsden Hartley und Demuth hielt. Die Mädchen bestellten sich Eiercreme und kicherten, weil Eiercreme nämlich etwas ist, das man im Land der Bohème essen sollte.

Marsden Hartley

Schließlich konnte Madame Bronx es nicht mehr ertragen. »Sind Sie Künstlerin?« erkundigte sie sich bei einer Rothaarigen, die aus irgendeinem Grunde vergessen hatte, ihr Haar abzuschneiden.

Die Rothaarige lächelte, in ihren Augen blitzte es auf: »Nein«, antwortete sie, »ich bin Pamphletschreiberin!«

»Was ist das denn?«

»Eine von denen, die für die Geburtenkontrolle eintreten«, antwortete die Rothaarige mit unbewegter Miene.

Und von dort zum Candle Stick und vom Candle Stick zum Mad Hatter und vom Mad Hatter zur französischen Konditorei und von der Konditorei zu all den bekannten Zufluchtsorten und abschließend zu Mazzini's. Denn diese traurige kleine pelzbesetzte Frau mit ihren amtlich bestätigten Töchtern wußte nichts von jenen gottvergessenen Treffpunkten, deren Reiz dadurch verdoppelt wird, daß sie schwer zu finden sind.

Nein, ich werde sie nicht preisgeben, doch einen davon werde ich für diejenigen unter Ihnen, die sich die Mühe machen wollen, ihn aufzuspüren wie ein Buchliebhaber Bücher aufspürt, etwas näher bezeichnen. Es ist ein Kellerlokal auf dieser Seite der Sixth Avenue, und zwar auf der Seite des Washington Place mit den ungeraden Hausnummern. Ich habe früher dort gewohnt, doch während der Nacht, als es zur Katastrophe der Pulvermühle von New Jersey kam, sah ich mich mit einem Haus voller wehklagender Frauen konfrontiert, darunter auch die rundliche Wirtin, die, barfuß, Manhattan und zerbrochene Fensterscheiben im allgemeinen verwünschte und nach ihrem Rosenkranz aus Perlen sowie dem ihrer Kinder jammerte.

»In Boston lassen sie nicht so die Scheiben zerspringen«, sagte sie und stand bebend, bis sie in die Kissen meiner Couch sank und laut nach einem Schluck Wein rief, um einer Erkältung vorzubeugen, und hinzufügte, Dynamit sei ein ganz garstiges Zeug.

Und so zog ich denn um. Doch dort in jenem Kellergeschoß findet man, mit blassen romanischen Gesichtern, einen Ehemann als Küchenchef mit einer Ehefrau als Kellnerin, die modernde Wälzer anbringen: ein Kochbuch der Frührenaissance oder auch die Lieblingsrezepte irgendeines Barons, die er vor langer Zeit eigenhändig niedergeschrieben hat und die nun verbleichen wie das Erröten auf den Wangen der Verliebten. Oder Monsieur le Chef spielt auf einer bauchigen Mandoline, mit zuckenden blonden Schnurrbartspitzen, während der junge Komponist, dem kürzlich ein Unfall zugestoßen ist, den er mit einem Beinbruch überlebt hat, halbabgewendet gegen die Wand gelehnt sitzt und aus schönen, freundlichen Augen lächelt.

Dies ist wirklich – dies ist das Unbekannte. Selbst ein Kellergeschoß hat sein Kellergeschoß, und dies ist eins der Kellergeschosse unterhalb des Reichs der Bohème.

Ja, und dann ist da Bobby. Wir können Bobby mit seinen Ukulelen nicht vergessen, die in seinem Atelier am Washington Square an der Wand aufgereiht hängen. Bobby erhält die alte Tradition aufrecht – er hat noch jedes Mädchen, das zu ihm kam, um ihre Hand gebeten und inbrünstig gehofft, daß sie ihn nicht ernst nehmen würde; Bobby mit seiner Hornbrille, die seine Augen davor bewahrt, in irgendeinen Schlamassel zu preschen, wie ein Gatter das Vieh von verbotenem Weidegrund fernhält; Bobby, der im Black Cat auf den Tisch steigt, um das mittlerweile zu Recht berühmte Lied ›Unten im Süden, in Greenwich Village‹ zu singen und das noch rührendere ›Lied vom Kamel‹, das sich danach sehnt, auf das Wasser aus einer Million Pumpen zu verzichten, um bei seiner Liebsten sein zu können.

Guido Bruno mit seinem grünen Filzhut trifft man dabei an, wie er über Selters und Milch brütet und eine letzte Version auf eine Papierserviette schreibt. Oder Peggy O'Neill – nicht die Schauspielerin, sondern die andere Peggy – kommt hereingefedert, um den letzten Schmutz auszukippen. Die Hände in die Hüften gestemmt, setzt sie hinzu: »Jetzt seht euch mal an, wie ich mir selbst ein Essen auf den Tisch stelle!«, und bestellt später dann »eine Lämmerherde«, was nicht mehr und nicht weniger ist als Lammkoteletts.

Ein paar radikale Landplagen kommen herein mit fließenden Krawatten und fließenden moralischen Grundsätzen und gehen von Tisch zu Tisch und behaupten, Baudelaire habe recht gehabt mit seiner Forderung, man solle sich, woran auch immer, berauschen.

Hippolite Havel unterstützt Baudelaire ein bißchen besser als jeder andere und hält dabei gleichzeitig aufrecht, was sowieso nichts völlig vergessen machen kann – daß die Bildung infolge vieler harter Püffe zu geistreichelnder Scharlatanerie verflacht ist.

Da gibt es die Abende in den Studios, wo blaue und gelbe Kerzen ihr heißes Wachs über Dinge gießen, die aus Elfenbein und Jade sind. Weihrauch kräuselt sich aus einem Marmeladenglas; an den Wänden japanische Drucke. Hier ein Tupfer Purpurrot, dort ein goldener Wandschirm, ein schwarzer Teppich, ein silberner Vorhang, ein achtlos hingeworfener Gobelin, eine Nummer von ›Rogue‹ auf einem niedrigen Tischchen, die bei dem Gedicht von Mina Loy[21] aufgeschlagen ist. Eine Blume in einer Vase mit drei Pinseln; eine Ausgabe von Oscar Wilde, schmuddelig von sozialistischen Daumen. Eine Zigarettenschachtel, ein paar bemalte Fächer, erlesene Weine (das in der Bleibe der Wohlhabenderen).

Und dann – ein kleines Schlafkämmerchen unter der Dachschräge, ein schmutziger Teppich, der in Fetzen geht; ein schmales Feldbett mit einer schmutzigen Decke. Eine kaputte Rasierschale mit einer Blume darin, ein Druck von einem Druck an der Wand, ein in die Ecke geworfenes Handtuch, ein ältliches Brötchen und eine halbleere Teetasse. Eine Umzugskiste mit einer Schreibmaschine, ein paar ungereimte Verse, eine Nummer einer billigen Zeitschrift mit einem Namen im Inhaltsverzeichnis, der identisch ist mit dem Namen am Kopf des Blattes in der Schreibmaschine. Ein Hauch von Weihrauch, vielleicht vom Treppenabsatz im Stockwerk darunter, wo die Miete höher ist, vielleicht vom letzten Vierteldollar gekauft. Ein Paar zerrissener Schuhe, der Körper eines Mannes auf dem Bett, der die Arme wegstreckt und langsam den schweren Atem der Unterernährten ausstößt.

Dann sind da die Theater, die aus dem Boden geschossen sind, die Washington Square Players mit einem Mietvertrag bei der Comedy und jetzt die Provincetown Players in einem Raum gleich neben dem Liberal Club –

Provincetown Playhouse, 133 MacDougal Street

der, Liberalität hin oder her, doch so ganz nebenbei ein paar Pokerspieler hinausgeworfen hat – und da sind noch andere mehr.

An Lädchen sind zu nennen: Daisy Thompson's, der Jolin Shop, die Treasure Box (jemand hat sich dort Jaderinge genommen – falls derjenige das liest, bitte zurückgeben!), Helena Daytons Tonfiguren kann man in einigen dieser Läden kaufen, die von Clara Tice in wieder anderen.

Und ganz am Schluß, wenn alle anderen schließen und die Stühle auf die Schöße der Tische geschoben werden und die Lichter ausgehen – insgesamt 111 –, dann gibt es ja immer noch das Hell Hole Ecke Fourth Street und Sixth Avenue. Ein Türschlitz, ein Gesicht, das einem ins Gesicht starrt, das schmutzige Hinterzimmer mit seinen aus der Zeitung ausgeschnittenen Damen in knapp gehaltener Unterwäsche, die Männer an den Tischen, die intime Atmosphäre, die schmutzigen Gesichter, die unsauberen Witze, das Sichhineinverirren farbiger Frauen und Männer – ein farbiges Liebchen mit einem Lächeln im Gesicht wie eine Klaviertastatur in der dunklen Nacht … Komplimente von ihm, zuerst Verlegenheit auf ihrer Seite, dann Gefiederspreizen, das in kokettem Abgang endet. Das Stumpfwerden, das Absacken,

Treasure Box, 7 Sheridan Square

tiefer und tiefer, in einen grauen betrunkenen Schlaf, das stille, schale Bier, die dicke Luft, die reglosen Leiber – Tageslicht.

Die kleine Komödie des Lebens: die große Tragödie der Komödie, Bohèmenacht, Washington-Square-Tag. Melancholie, das einzige Zeichen der Treue zu etwas, an das sie früher einmal glaubten. Ein paar Freunde, ein Schatz, der mit zwei vorgetäuschten Feuern spielt. Wirkliche Dinge, die schön sind, auf gräßliche Weise vermischt mit dem, was nur Imitat ist. Ein herrliches, schreckliches Haschée auf dem Tisch des Lebens. Und der Fächer fächelt immer weiter durch die Welt und worfelt Weizen von Spreu. Und weil die Spreu leichter ist, fliegt sie immer höher und höher und dreht sich und glänzt in der Sonne und tanzt einen Augenblick lang einen verrückten, wilden Tanz – einen Tanz, der den Blick vom Korn ablenkt, das da in einem stillen, fruchtbaren Haufen liegt. Doch die Spreu tanzt langsamer und langsamer und sinkt und sinkt immer tiefer hinab ..., fliegt außer Sicht ..., hat niemals existiert.

Gewiß, am Morgen wird es dann wieder lustig sein, wenn der Morgen um vier Uhr nachmittags beginnt oder vielleicht schon um elf. Es wird die gelegentlich stattfindenden Bälle geben, die Tanzveranstaltungen in den Clubs, die Essen in den Eßlokalen, die Theaterverabredungen, die gemeinsamen Kinobesuche; den Schwatz am Abend über Kunst und Leben, die Theorien, die so alt sind wie die Hügel, und die neuesten Spinnereien, die kleinen Ausflüge der Innenausstatter stadtaufwärts, bei denen es um eine Farbschattierung für einen Stuhl oder die Farbzusammenstellung für ein Atelier geht. Anton Hellman, der die Stuhlbeine umkreist, um ihren Farbton festzulegen, wie Ziegfeld[22] die Beine seiner Tanztruppe arrangiert. Die Besitzer der italienischen Restaurants werden ihre Tomatensauce für die abendlichen Spaghetti-Runden zusammenrühren. Studenten werden sich im Park versammeln. Irgendwo außerhalb des Geratters der Straßenbahnen wird man den durchdringenden, hohen Ruf kleiner Schuhputzerjungen hören: »Blanke Schuhe, Mister, blanke Schuhe, nur drei Cent!« Die Polizisten werden ihre Gummiknüppel schwingen und paarweise schwatzend an den Mews vorbeischlendern. Die Blätter rascheln unter dem Fuß, das Gras stirbt, die Vögel werden seltener und seltener. Die endlosen Scharen der ›Slumgänger‹, die nach bunten Perlen und schwarzen Troddeln Ausschau halten, werden sich verlaufen. Ein, zwei Kerzen werden in einem nach Süden gehenden Atelierfenster schimmern. Scheppernde Musik wird aus einem offenen Fenster dringen, das Weinen eines Babys in einem Wohnhaus, das Klacken einer Schreibmaschine in einem Souterrain, und dann werden die Bewohner des Village zu ihren bevorzugten Eßlokalen eilen; erneut die Zigaretten, erneut die Runde Drinks, erneut die Heiterkeit, ein paar gescheite Witze, ein Scherz über die freie Liebe – Nacht.

Und in dem Zimmerchen, wo der König gelegen und ins Gesicht der Jungfrau gestarrt hatte, da steht er jetzt hinter seinen Gitterstäben, ausgehfertig, auf dem Weg ins lärmende Gewühl, das eben eingesetzt hat, und der König geht in seinen Tag hinaus – hmm, ja, denn der König hat seine Erkältung vergessen.

NEW YORK MORNING TELEGRAPH SUNDAY MAGAZINE, 19. NOVEMBER 1916

DAS LETZTE PETIT SOUPER
GREENWICH VILLAGE, EIN WOLKENKUCKUCKSHEIM

Ich fand es oft unterhaltend – vielleicht weil ich sie nicht mit einem gleichermaßen wohlwollenden wie gewissenhaften Blick betrachtet habe –, jene Menschen zu beobachten, die als ›Typen‹ bezeichnet werden und die durch die Stadt und in ein Lieblingscafé gehen, um Tee zu trinken.

Das Proletariat trinkt sein Gebräu aus rein vernünftigen Erwägungen, und wie anders trinkt nun unser Liebhaber.

Er ist sich des heranwachsenden Tees bewußt, er gewärtigt ihn, wie er in der Sonne zittert. Er weiß, wann er gestorben ist – seine Todeszuckungen schlagen ihm wie Flügel an den Gaumen. Er spürt, es ist dessen ohnmächtigster Augenblick, wenn er der Freite brühender Wasser unterliegt. Welch freudige Erregung durchläuft ihn nicht angesichts seiner letzten und bei weitem gloriosesten Pein – wenn sein Lebenssaft die Flüssigkeit mit unvergleichlichem Bernstein beseelt und in erhabenem Gepränge die Passage seiner Kehle durchrinnt.

Ich bin nicht gewillt zu sagen, daß der eine nichts aus seiner Tasse herausholt und der andere alles, ich sage nur: Was wäre die Welt doch öde, gäbe es diese reizenden Liebhaber nicht. Wie engstirnig und wie trübsinnig gerät doch das reine Spezialistentum! Wieviel verdanken wir nicht jenen unter uns, die vor freudiger Erregung zittern können und eine dekorative Wonne daran finden, solch ein knapp bemessenes Stündchen hinwegzuzittern. Zufrieden mit Farbe, Duft und importierten Akzenten; und begleitet von einem Familienskelett, das aus nichts weniger Amüsantem gemacht ist als Jade.

Die Öffentlichkeit – oder mit anderen Worten, jener Teil unserer selbst, dessen wir uns schämen – kräuselt stets die Lippe, wenn solch ein Liebhaber erwähnt wird, und das ausschließlich aus dem patriotischen Versuch heraus, jenem kleinen Heim der Fünfziger mit seinen Wachsblumen, seinen engen Schaukelstühlen und seinen lokalen Eigenheiten treu zu bleiben und vor allem jener Mutter, deren Rat stets so trefflich war wie schädlich.

Es gibt da drei Typen, die ich mir jederzeit ausmalen kann. Nennen wir sie Vermouth, Absinthe und Yvette, letzterer ein mädchenhafter Name, der gemeinhin mit einem Getränk assoziiert wird, das rein männliche Impulse befördert.

Vermouth sah ich gewöhnlich über einer kalten, vereinsamten Tasse französischen Kaffees sitzen, zwischen zehn und elf Uhr morgens, die ihn auf Anhieb oberhalb einer Anstellung und unterhalb der Verzweiflung ansiedelte.

Er führte stets einen schweren blonden Rohrstock und ein Paar gelbe Handschuhe mit.

Er starrte dann ganze lange Minuten die farbigen Gevierte der Fensterscheiben an, gänzlich uneingedenk der Tatsache, daß er nicht hinaussehen konnte. Unzweifelhaft sah er alles, was eine Scheibe zu enthüllen vermochte, und noch viel mehr.

Zuweilen tauchten neben der einsamen Tasse Damaszenerpflaumenmarmelade und Croissants auf, die aller Wahrscheinlichkeit nach bewiesen, daß da irgend jemand irgendeine aus dem Ärmel geschüttelte ›Kleinigkeit‹, die in jener schlichten Stunde der Inspiration komponiert, geschrieben oder gemalt worden war, bewundert und aus dem Haus getragen hatte.

Er war niemals unglücklich auf traurige Weise, ja eigentlich schien er geradezu außerordentlich glücklich, wenn er auch häufig von Schmerzen geplagt wurde und sich beim Hinausgehen auf seinen Stock stützte.

Wenn er traurig war, gab es dafür lediglich ein verräterisches Anzeichen: jene rasche, scharfe Kopfbewegung, wie sie nur jenen speziellen Kindern der Natur verliehen ist – dem Sperling, der nicht rasten kann, sondern fliegen muß, und dem Sterblichen, der nicht fliegen kann und infolgedessen zur Rast verdammt ist.

Dann waren da noch Yvette und Absinthe. Yvette hatte seinen Gott im Halfter stecken. Er wurde bei jeder Gelegenheit gezückt, und wenn er sich endlich offenbart hatte, stellte er sich lediglich als ein »Mon dieu, my dear!« heraus, woraufhin er gleich wieder weggesteckt wurde, nur um, rasch bei der Hand wie ein Refrain, sofort wieder herausgeschnellt zu kommen und mit Vermouths geduldigem »Lieber Gott!« (dt. i. O.) in Kampf zu treten.

Yvettes Mantel war von adrettem Sitz, ausgefranst zwar, aber entschieden herrschaftlich. Etwas Unbestimmtes hielt ihn davor zurück, sich für passé zu erklären. Er wies das auf, was Rockschöße genannt werden muß, und Yvettes Beine schwangen majestätisch zwischen ihnen wie der Klöppel der Freiheitsglocke unter seinem historischen Metall.

Ein weicher Filzhut in einer Hand, die etliche ungeschliffene Steine spielen ließ, die sich zu Schmuckstücken verhielten wie Prosa zu Versen. Wenn er vorüberging, wehte einen der Geruch von etwas Vertracktem an, so wie es sich aus dem Muster eines indianischen Räuchergefäßes herauswindet. Und als letztes kam mit Yvette der mittlerweile berühmte silberumrankte Spazierstock daher.

Dieser Spazierstock war hochaufgeschossen, rege und parteilich. Er war ihm, was der Stengel der Blume ist. Er erhöhte und stützte seine Blüte

Zeichnung von Aubrey Beardsley, 1894

gleichermaßen, während er für das Leben bedeutete, was die Kerze der Nonne bedeutet.

Absinthe war wie dieser Spazierstock, hochgewachsen, tatkräftig, aber zutiefst blaß. Er schien aus Gips zu bestehen, und nur seine Lippen waren lebhaft und verblüffend hellrot. Er sprach mit jenem deutlich englischen Akzent, den man nur in Amerika hört.

Er hatte die Angewohnheit, die Hände vors Gesicht zu legen, vermutlich aus denselben Gründen, weshalb man Farne neben Rosen legt.

Die Nägel dieser Hände waren lang, länger als Japan jemals unter der Nagelhaut irgendeiner gebürtigen Gelbjacke hervordrängte –, und sie waren versilbert oder vergoldet.

Es gibt in unser aller Leben, oder soll ich sagen im Leben einiger von uns, Augenblicke, die auf Französisch gelebt werden müssen. Da diese Herren sämtlich durch dies Stadium gegangen waren, konnte man, eine Folge dessen, Staub auf ihrer Rede entdecken; sie reichten einander die Schnupftabaksdosen ihrer Gedanken, als seien sie Antiquitäten, jede Äußerung war mit gleicher Sorgfalt konserviert. Mit anderen Worten, sie schätzten jene Stunde hoch.

Diese Männer faßten all jene fremden kleinen Dinge in sich zusammen, die in ihrem Mutterland nur der Dialekt der Physis sind, und niemals waren sie auch in solchem Maße zufrieden mit sich selbst, wie wenn sie sich in Erinnerungen ergingen.

Yvette trug von den dreien die unmißverständlichsten Spuren von Auslandsaufenthalten, jenes unbewußte Produkt eines bewußten Programms.

Er war ein Leopard, der sich seine eigentümlichen Flecken selbst ausgesucht hatte, und das ist vielleicht der Unterschied zwischen dem, was wir selbst vorstellen, und jenen anderen Käuzen, die ihre Reisen über die unsrigen hinaus ausdehnen, bis hinein in die geistige Welt, zu einer Reise der sogenannten Unvernunft.

Yvette war weiblich, er konnte nicht nur dieser Rolle entsprechend aussehen, er agierte auch mädchenhaft in vielem, was er tat. Doch hätte man ihn bewundern sollen, statt sich über ihn lustig zu machen, denn das verlieh ihm die Ungezwungenheit zu sagen:

»Aber mein lieber Freund, da befinden Sie sich schwer im Irrtum. Die deutschen Frauen sind nicht dick, sie sind bloß üppig«, oder sein »Ach, ich Armer, mir fehlt das, was man den Boulevards nachsagt, weit mehr als ihre wirklichen Gegebenheiten.«

Dann lächelte Vermouth und antwortete:

»Ja, ja, ich weiß, doch stellen Sie sich nur mal vor, Sie lebten in einem Lande, wo man per Telefon Fehlgeburten erleiden kann und Prellungen per Telegraph.«

Auf die Weise erkannte man, wie unergründlich Vermouth im Verein mit Absinthe geworden war. Gemeinsam hatten sie zuviele Stunden damit verbracht, einen schwarzbetroddelten Vorhang zu betrachten, vielleicht um dessetwillen, was er enthielt, oder um dessetwillen, was er verhüllte.

Er legte es darauf an, seinen Kopf auf alle Zeiten in den Wolken zu haben. Um es zu beweisen, bestellte er Schokoladeneis und Tee, und das um 12 Uhr nachts. Denn es ist eine Theorie unseres Liebhabers, daß schlechtes Essen tiefgründige Esser schafft, und dementsprechend verhielt er sich eben.

Und so verhalte auch ich mich, da bin auch ich nun angelangt, an eben demselben Punkt, den ich erreichen wollte – dem Zwölf-Uhr-Souper und seiner Bedeutung.

In den tiefschürfendsten und religiösesten Augenblicken des Philosophen Marc Aurel gelangte derselbe zu der Überzeugung, daß man jeden Tag behandeln solle, als sei es der letzte.

Und darin liegt das Geheimnis des Liebhabers.

Er steht ständig kurz davor, jene unvergleichliche Stunde durchzumachen, die Stunde vor und die Stunde nach dem Nachtmahl, die sich als die letzte erweisen könnte. Und so kommt es, daß er, während er seine Träume träumte und sich Alkoholisches aus seinen Tränen brannte, um sich angesichts dieser letzten und heiligsten Gelegenheit einen Rausch anzutrinken, jenes kleine Etwas entdeckt hat, das den Unterschied zwischen ihm und unsereinem ausmacht, der sich für eine Woche Vorräte ins Haus kommen lassen hat.

Und ich, die ich dieses Etwas ansichtig geworden bin, habe gelernt zu verstehen.

BRUNO'S WEEKLY, 29. APRIL 1916

ANHANG

Ursprünglich eine eigenständige Stadt, schluckte *Brooklyn* allmählich kleinere Gemeinden wie *Flatbush* und *Brownsville* und wurde zum bevölkerungsstärksten der fünf New Yorker Stadtteile. Von *Manhattan* aus gesehen auf der anderen Seite des East River, am südwestlichen Ende von *Long Island* gelegen, ist die City of Homes immer noch New Yorks größte Schlafstadt. Nordöstlich davon liegt der Stadtteil *Queens* und weiter nördlich, auf dem Festland, die *Bronx*, von der Djuna Barnes mit der Herablassung des Städters spricht. *Manhattan*, eine 13 Meilen lange Insel zwischen Hudson und East River, war und ist der finanzielle und künstlerische Puls der Stadt.

Der *Broadway*, der die Insel der Länge nach durchschneidet, ist mit 150 Meilen die längste Straße der Welt. Dort wo er am Times Square auf die Seventh Avenue und die 42nd Street trifft, machen die vielen Theatereingänge ihn zum *Great White Way*. Der *Central Park* stellt eine ausgedehnte grüne Oase inmitten der Wolkenkratzer dar, die von der Fifth Avenue bis zum Central Park West und von der 59th bis zur 110th Street reicht. Von der *Fifth Avenue* könnte man sagen, daß sie das ganze Spektrum der Einwohnerschaft Manhattans durchläuft – von ihren Anfängen am Zentrum der Bohèmekreise, dem *Washington Square*, durch die Gegend der Prachthotels bis zur *Millionaire's Row* oberhalb der 59th Street. *Sixth Avenue* – in Djuna Barnes' Anfängen die Westgrenze von *Greenwich Village* – ist in die *Avenue of the Americas* umgetauft worden. Die Welt der Musik mit ihren Zentren Steinway Hall und der damaligen Academy of Music hatte ihren Schwerpunkt am *Union Square*, dem Schnittpunkt von Broadway und 14th Street. Östlich von *Chinatown*, auf der Lower East Side, bot die *Bowery* keine intellektuellen, sondern alkoholische Exzesse; *Steve Brodie*, ob er nun von der Brooklyn-Bridge gesprungen ist oder nicht, hatte hier eine bei sportlichen Typen beliebte Kneipe.

Die zu tausenden aus dem Boden schießenden Mietshäuser führten früh zum Niedergang von *Brooklyn Heights*; nur wenige Bewohner dieses Viertels genossen den spektakulären Ausblick auf die Lower East Side von Manhattan, denn einer Schätzung von 1909 zufolge gab es hier zwei Millionen Zimmer ohne Fenster. Draußen in der Upper New York Bay liegt *Ellis*

Island, ein halbes Jahrhundert lang Zentrum der Einwanderungsbehörde, wo die Einwanderungswilligen sich einer strengen Prüfung unterziehen mußten.

In Greenwich Village hatte u. a. die *MacDougal Street* vieles zu bieten: Da war *Christine Ell's* Restaurant über dem *Provincetown Theatre*, das von Djuna Barnes oft besucht wurde, als sie im Clemenceau Cottage wohnte. *Polly's Restaurant* – die Etage darüber hatte der *Liberal Club* inne – konnte sich rühmen, die beliebteste Anschrift des Village zu sein. *Polly Holladay*, eine aus Illinois stammende Anarchistin, war die Chefin dieses Treffpunkts, an dem es ziemlich ruppig zuging. Polly Holladay versorgte auch den Liberal Club, wenn sie selbst auch zu radikal war, um ihm offiziell beizutreten. Chefkoch und Kellner war ihr anarchistischer Genosse *Hippolyte Havel*, der frühere Geliebte und Sekretär Emma Goldmans. Der Liberal Club hatte sich im Frühling 1913 gespalten, der Teil uptown[23] ging ein, während der andere Zweig, der ins Village zog, zum Diskussionszentrum wurde; vorherrschende Themen waren soziale Gerechtigkeit, Kunst, Dichtung, Theater. Das *Gonfarone*, ein Restaurant an der Ecke MacDougal/Eighth Street, wurde besonders von den vielen Schriftstellern des Village geschätzt.

Ein Stück weiter, Eighth Street Ecke Fifth Avenue, stand das beliebte *Brevoort Hotel*, dessen nicht übermäßig teures Restaurant im Souterrain gutes Essen zu speziellen Gelegenheiten bot. Auf der anderen Straßenseite, Fifth Avenue 10, stand das *Little Thimble Theatre*, das im August 1915 unter der Leitung von *Guido Bruno* und mit der finanziellen Unterstützung von *Charles Edison* eröffnet wurde. Im Block der Eighth Street zwischen Fifth Avenue und University Place lagen die *Washington Mews*, ein kolonialer Mischmasch, der später zu reizvollen Ateliers umgebaut wurde.

An der West Fourth Street eröffnete *Edith Unger* ihre Kellerteestube mit dem Namen *Mad Hatter*, der Golden Swan an der Ecke Sixth Avenue wurde als *Hell Hole* bekannt, und Pollys neues Lokal stand dem Original an Popularität nicht nach. Der *Crazy Cat Club* tagte an den Donnerstagabenden im *Paglieri*, dem Restaurant in der 64 West Eleventh Street, wo *Bobby Edwards* seine Liedchen auf seiner Zigarrenkisten-Ukulele begleitete. Die Bleecker Street hatte *Mori's* vorzuweisen und der West Washington Square das *Purple Pup*, das sich trotz seiner berühmten Anschrift – es befand sich unter der Wohnung Emma Goldmans – nicht lange hielt.

Weiter stadtaufwärts wetteiferte das beliebte Restaurant *Sherry's*, an der Ecke Fifth Avenue / 44th Street, mit *Delmonico* um die Qualität der Küche und die elegante Atmosphäre.

Die reichsten Bürger New Yorks waren eher auffällige Erscheinungen und lösten erstaunlicherweise kaum Antipathie aus. *J. J. Hill* hatte sein Geld mit dem Eisenbahnbau gemacht; *Andrew Carnegie*, der in Schottland geborene Industrielle, stiftete angeblich 350 Millionen Dollar für wohltätige Zwecke, während *Hetty Green* so geizig war, daß ihr Sohn den größten Teil seines Lebens hinkte, weil sie keinen Arzt bezahlen wollte. *Diamond Jim Brady*[24] war an seiner Leidenschaft für funkelnde Steine und seinem Schmerbauch unschwer zu erkennen.

Unter all den großen Rednern jener Epoche war *William Jennings Bryan* der bekannteste; zweimal war er als Präsidentschaftskandidat nominiert, wurde jedoch beide Male nicht gewählt. Von 1913 bis 1915 war er Woodrow Wilsons Innenminister. Viele der Reformen, für die er eintrat, darunter das Frauenwahlrecht und die Einführung der Einkommenssteuer, wurden später Gesetz. Ein anderer großer Redner und langgedienter Staatsmann war *William Ewart Gladstone*; er war viermal englischer Premierminister, und Königin Victoria haßte ihn.

An der Popularität des einstigen Boxers *Gentleman Jim Corbett* läßt sich ermessen, wie unbeliebt der damalige Champion *Jess Willard* war, der den Titel von 1915 bis 1919 innehatte. Die Fliegerin *Ruth Rodman Law*, die sich ihren Namen im Westen gemacht hatte, trat zwar für die Sache der Frauenwahlrechtlerinnen ein, war jedoch nicht bereit, dafür Geld zu opfern, während *J. L. Laidlaw* in der Men's League for Woman Suffrage aktiv war, und *Margaret Wilson*, die älteste Tochter des Präsidenten, es vorsichtshalber ablehnte, überhaupt Stellung zum Frauenwahlrecht zu beziehen.

Djuna Barnes kannte zweifellos die Mehrzahl der Bohémiens von Greenwich Village, und sie kannten sie, wenn sie unter ihnen auch nur wenige gute Freunde hatte: den Maler *Marsden Hartley*, der auch als Lyriker und Kritiker bekannt war und den Djuna Barnes in Paris und Berlin traf; *Alfred Kreymborg*, ein anderer guter Freund aus der Pariser Zeit, der 1918 ihr *A Passion Play* in seiner Zeitschrift *Others* abdruckte; *Floyd Dell*, der Stücke für die Provincetown Players schrieb und die sozialistische Zeitung *The Masses* herausgab; und die schöne Lyrikerin *Mina Loy*, Djuna Barnes' beste Freundin in Paris. Die in London geborene Mina Loy, die in München und Paris Kunst studiert hatte, verdiente sich ihren Lebensunterhalt mit dem Verkauf von collagierten Lampenschirmen und ist heute vor allem als Verfasserin der Lyriksammlung *Lunar Baedecker* bekannt, die 1923 erschien.

Unter den vielen anderen Schriftstellern, die damals in Greenwich Village lebten, waren: der Lyriker und Casanova *Harry Kemp*, der aus Ohio stammte und dessen Abenteuer eines blinden Passagiers auf einem Dampfer nach England durch die Presse gingen; die aus Indiana stammenden Autoren *Howard Brubaker* und *Leroy Scott*; aus Neuengland die Lyrikerin *Amy Lowell*, Wortführerin der Imagisten, und *Harold Stearns*, dessen Memoiren auch das Village zur Zeit Djuna Barnes' behandeln; *Horace Traubel*, lange zuvor Whitmans Apostel und Gefährte; *John Reed*, der sowohl an der Entstehung der Provincetown Players beteiligt war wie an der der Communist Labor Party und der den journalistischen Bericht über die Russische Revolution verfaßte, der in der Sowjetunion ebenso als Klassiker gilt wie in den USA; und *Mary Heaton Vorse*, Vorreiterin des Village bei der Kolonisierung von Provincetown auf Cape Cod und Leiterin einer IWW-Gruppe auf der West Tenth Street.

Zu den Künstlern zählten *Boardman Robinson*, der populäre Cartoonist der *Tribune*, der mit John Reed wegen Überschreitung militärischer Linien verhaftet worden war; der Cartoonist *Bob Minor* und der Maler *Maurice Becker; Clara Tice*, deren weibliche Akte von der Zensur der Society for the Prevention of Vice beanstandet wurden; und die Malerin *Ida Rauh*, Organisatorin der Washington Square Players, Anwältin und engagierte Anhängerin der Geburtenkontrolle.

Über den Kreis der Bohème hinaus gab es eine ganze Schar anderer Schriftsteller, mit denen Djuna Barnes Umgang hatte. Dazu gehörten der Brite *Walter Bagehot*, der die Darwin'sche Theorie auf die Sozialwissenschaften anwandte; der Jurist *Viscount James Bryce*, bis 1913 Botschafter Großbritanniens in den USA und Verfasser mehrerer historischer Klassiker; die naturalistischen Romanautoren *Theodore Dreiser* und *George Moore*; beeinflußt wurde Djuna Barnes ferner durch Emile Zola, Paul Verlaine und Oscar Wilde. Von Wildes *Salome* mit Mimi Aguglia in der Titelrolle, einer Inszenierung von 1913, war Djuna Barnes völlig hingerissen.

Das Theater brachte in New York wie überall viele groß heraus, deren Stern rasch wieder verlosch, etwa die Schauspielerinnen *José Collins* (The Passing Show of 1914) und *Ethel Kelly*, die im selben Jahr bei Ziegfelds *Follies* auftrat; den Komiker *Frank Tinney* und den Komponisten *Louis Hirsch*. Schon eher erinnert man sich an *Percy Grainger*, der als Arrangeur volkstümlicher Musik bekannt wurde, an *Léon Bakst*, der die Bühnenbilder für das Ballet Russe entwarf, und an die irische Komödiantin *Laurette Taylor*, die mit *Peg 'o My Heart* alle Kassenrekorde brach. Unter den wahrhaft Großen waren ›die Göttliche Sarah‹ Bernhardt, wie Oscar Wilde sie taufte, deren viele Tourneen durch die USA sie dort ebenso zur Königin der französischen Tragödie machten wie in Europa; *George M. Cohan*, dessen unerschöpfliche Energie Dutzende populärer Shows und unvergeßlicher Lieder zu verdanken waren; zu seinen berühmtesten Songs zählten *Yankee Doodle Dandy*, *Give My Regards to Broadway* und *Over There*; und schließlich der Produzent *Flo Ziegfeld*, dessen Follies über zwei Jahrzehnte lang den Glitzerhimmel des Showgeschäfts beherrschten und am Anfang vieler kometenhafter Karrieren standen.

ANMERKUNGEN

1 ›Nachtgericht‹ in der Centre Street, wo verhaftete Prostituierte im Schnellverfahren von richterlichen Beamten angeklagt, verurteilt und meistens gegen Kaution gleich wieder entlassen wurden.
2 Schimpfwort für Südländer
3 Siehe Djuna Barnes, *Portraits*
4 Hoimen (Hermann) Rosenthal, ein notorischer Spieler, wurde im Juli 1912 von der Polizei vor dem Hotel Metropole in der Forty-third Street erschossen.
5 Grabmal von Ulysses Simpson Grant, Präsident der USA (1869-1877). Er erreichte im April 1865 die Unterwerfung der Südstaaten.
6 Von 1910 bis 1935 ein Vergnügungspark in der Bronx, zwischen dem Bronx River und Westchester Creek.
7 Gemeint sind die ›Ziegfeld Follies‹. Siehe Djuna Barnes, *Portraits*
8 Museum in der Bronx. Ruhmeshalle für prominente Amerikaner, deren Bronzebüsten dort aufgestellt sind. Das von Stanford White entworfene Gebäude wurde 1901 eingeweiht. Aufgenommen werden nur Büsten ruhmreicher Persönlichkeiten aus Geschichte, Kultur und Entwicklung der USA, die mindestens seit fünfundzwanzig Jahren tot sind. 1985 standen dort 112 Büsten.
9 Markt in Brooklyn
10 Bezeichnung für Himmel aus der Umgangssprache der Matrosen
11 Siehe Djuna Barnes, *Portraits*
12 Vermutlich Baronin Elsa von Freytag-Loringhoven, eine Freundin von Djuna Barnes.
13 Figur in ›Die Elenden‹ von Victor Hugo
14 Siehe Djuna Barnes, *Portraits*
15 Steeplechase: Hindernisrennen für Pferde
16 Irish Jig: Gigue ist ein schneller Tanz, der im 16. und 17. Jahrhundert in England und Schottland getanzt wurde. Heute noch sehr populär in Irland.
17 Zu jener Zeit gab es in Coney Island ein ›Brutkasten-Gebäude‹, in dem Frühgeburten in Brutkästen unter den modernsten Bedingungen am Leben gehalten wurden. Kein Hospital hatte eine ähnlich gute Einrichtung, so daß dieses ›Brutkasten-Gebäude‹ zum Sammelbecken für Frühgeborene aus New York und Umgebung wurde.
18 Theaterdistrikt in London
19 Royalist zur Zeit der Französischen Revolution
20 Léon Bakst: Bühnenbildner für Sergej Diagilew, den russischen Tänzer und Ballettmeister
21 Siehe Djuna Barnes, *Ladies' Almanach*, Nachwort von Brigitte Siebrasse
22 Siehe Djuna Barnes, *Portraits*
23 Uptown, im Unterschied zu downtown oder midtown, sind Adressen in New York, die nördlich der Fifty-ninth Street, östlich oder westlich der Fifth Avenue liegen.
24 Siehe Djuna Barnes, *Portraits*

Alle Anmerkungen vom Verlag.

REGISTER

BILDNACHWEIS

U2/S. 1: A. Humitsch, Authentic Street Plan of Greater New York, 1910. Map Division, The New York Public Library; Astor, Lenox and Tilden Foundations. S. 2/3, 4/5, 6, 7, 8, 9, 11, 25, 26/27, 28, 34, 35, 36, 41, 42, 49, 74, 177 und Umschlagmotiv: Ullstein Bilderdienst, Berlin. S. 12, 14/15, 17, 20, 23, 34, 43, 59, 87, 143, 145: The Bettmann Archive, New York. S. 18/19, 31, 67 aus: New York in the Thirties, as photographed by Berenice Abbott, Dover Publ., New York 1967. S. 22 aus: Rem Koolhaas, Delirious New York, Oxford University Press, 1978. S. 35, 94 aus: The Face of New York. Photographs by Andreas Feininger, Crown Publ., New York 1954. S. 53, 64/65, 125, 150/151, 153, 155, 160/161 aus: Old Brooklyn in Early Photographs, 1865-1929, Dover Publ., New York 1978. S. 57: The New York Historical Society. S. 66 aus: The American Image. Photographs from the National Archives, 1860-1960, Pantheon Books, New York 1979. S. 71, 72: University of Maryland Libraries. S. 81, 82: New York World Magazine, The New York Public Library, New York. S. 131 aus: Metropolis. Harper & Brothers, New York 1934. S. 138, U3 aus: Andrew Field, The Formidable Miss Barnes, Secker & Warburg, London 1983. S. 171 aus: Greenwich Village. Today and Yesterday. Photographs by Berenice Abbott, Harper and Brothers, New York 1949.